정세현의
외교토크

정세현
서울대학교 외교학과를 졸업하고 같은 대학원에서 정치학 박사 학위를 받았다. 통일원 공산권연구관, 대화운영부장 등을 거쳐 청와대 통일비서관, 민족통일연구원 원장, 통일부 차관, 통일부 장관(29~30대)을 지냈다. 통일부 직원 출신 첫 통일부 장관이었고, 두 정부(김대중~노무현)에 걸쳐 연이어 장관에 임명된 첫 사례이기도 하다. 이화여자대학교 북한학과 석좌교수, 민족화해협력범국민협의회 대표상임의장, 원광대학교 총장을 지냈다. 현 평화협력원 이사장이다. 저서로《모택동의 국제정치사상》(1984),《정세현의 정세토크》(2010),《정세현의 통일토크》(2013) 등이 있다.

황재옥
이화여자대학교 정치외교학과를 졸업하고 같은 대학원에서 북한학 박사 학위를 받았다. 미국 아이오와주립대학교 아시아태평양연구소 객원연구원, 이주배경청소년지원재단 이사, 통일부 정책자문위원, 김대중평화센터 이사를 지냈다. 현 평화협력원 부원장이다.《프레시안》,《한겨레》 등에 통일·외교·안보 관련 칼럼을 써왔고 최근 경향신문 '세상읽기'에 고정 칼럼을 쓰고 있다. 저서로《북한 인권 문제》(2012),《국경을 걷다》(2013), 역서로《북한의 기아》(2003) 등이 있다.

정세현의 외교토크
대한민국 외교의 자기중심성을 위하여

초판 1쇄 발행 2016년 6월 20일 \ **초판 2쇄 발행** 2018년 5월 1일
지은이 정세현 \ **펴낸이** 이영선 \ **편집 이사** 강영선 김선정 \ **주간** 김문정
편집장 임경훈 \ **편집** 김종훈 이현정 \ **디자인** 김회량 정경아
독자본부 김일신 김진규 김연수 박정래 손미경 김동욱

펴낸곳 서해문집 \ **출판등록** 1989년 3월 16일(제406-2005-000047호)
주소 경기도 파주시 광인사길 217(파주출판도시) \ **전화** (031)955-7470 \ **팩스** (031)955-7469
홈페이지 www.booksea.co.kr \ **이메일** shmj21@hanmail.net

ISBN 978-89-7483-790-7 03300
값 15,000원

이 도서의 국립중앙도서관 출판시도서목록(CIP)은 e-CIP 홈페이지(http://www.nl.go.kr/ecip)에서 이용하실 수 있습니다.(CIP제어번호: CIP2016010150)

정세현의 외교토크

대한민국 외교의 자기중심성을 위하여

정세현 지음

서해문집

'영원한 적'도 '영원한 동지'도 없는 외교라는 판

정치의 세계에는 '영원한 적'도 '영원한 동지'도 없다고들 합니다. 국제 관계도 본질적으로 정치라는 점에서, 국제 관계를 풀어나가는 외교의 세계에서도 마찬가지라고 할 수 있습니다. 외교에서는 '내 나라'가 아니면 모두 '남의 나라'인 셈입니다. 이해관계가 맞아떨어져 사이가 좋으면 남의 나라끼리도 동지가 되고 동맹도 맺지만, 그렇지 않으면 적이 될 수밖에 없습니다. 물론 적도 아니고 동지도 아닌 중간 입장이 있을 수는 있습니다. 그러나 양자택일이 불가피한 상황이 되면 결국 적과 동지로 갈릴 수밖에 없습니다.

동맹은 동지 관계입니다. 그러나 그 관계가 영원할 수는 없습니다. 두 나라의 정치적 입장과 이해가 달라지면 선린(善隣) 관계 정도로 바뀝니다. 대표적인 사례는 북한과 소련이 1961년 6월에 체결한 '조소 동맹'입니다. 완전히 깨지지는 않았지만 가까운 우방, 긴밀한 우호 관계의 상징으로 남은 경우도 있습니다. '조중 동맹'이 그렇습니다. 우리와 군사적으로 적대 관계에 있는 북한의 동맹국이었던 소련과 중국이 우리와 수교하면서 그렇게 됐습니다. 물론 우리가 맺은 동맹이라고 해서 영원히 이렇게 되지 말라는 법은 없습니다.

동맹이라는 것의 속성이 이렇다면, 대통령부터 3등 서기관까지 외교를 책임지고 있는 사람들은 자기 나라 중심성이 확실해야 합니다. 동맹이라고 해도, 자신들의 국가이익만 철저히 챙기면서 우리 국가이익은 화려한 외교적 수사(rhetoric)로 덮어 뒷전으로 밀어놓는 것은 아닌지 따져봐야 합니다. 한편으로는 적이나 적의 동지의 말 속에도 괜찮은 메시지가 담길 수 있습니다. 국익이 될 수 있다면 그것을 놓쳐서도 안 됩니다. 그렇게 하려면 그들 말의 행간을 읽어내야 합니다. 개인과 개인 사이에도 차마 대놓고 하지 못할 말은 에둘러 하는 경우가 있지 않습니까?

1960년대 중반 대학에서 국제정치학을 배울 때 은사님들로부터 "우리나라는 분단국이다. 다른 나라와 달리 분단국에서 국제정치학을 공부하는 궁극적인 목적은 통일 문제를 잘 풀어나가려는 것이다."라는 요지의 말씀을 귀에 못이 박히게 들었습니다. 그런 이유에서인지 1977년부터 남북 관계 일선에서 일하면서 남북 관계만큼 국제 관계-외교와 밀접하게 연결되어 돌아가는 분야도 없다는 생각을 늘 했습니다. 북한의 국내정치와 경제 상황이 북중, 북소 관계의 영향을 크게 받는 경우가 많았습니다. 중소 관계가 돌고 돌아 북한의 내부 정치 상황과 대남전략에 영향을 미치는 경우도 적지 않았습니다. 그런 현상을 보면서 대북정책도 단순하게 북한 내부 상황이나 그들의 대남전략만을 고려해 대증요법식으로 추진하면 안 될 것이라고 생각했습니다.

저는 2008년부터 통일·외교·안보 문제에 대해서 인터넷 신문《프레시안》과 정기적으로 시사성 있는 인터뷰를 해왔습니다. 인터뷰를 토대로 2010년 10월에《정세현의 정세토크》라는 책을 냈습니다. 2013년 6월에는 그동안 여러 자리에서 했던 강연 녹취록을 풀어《정세현의 통일토크》라는 책으로 묶었습니다. 두 권의 책에서 저는 남북 관계나 혹은 외교·안보 사안에서 항상 우리의 국가이익을 최우선에 놓고, 앞선 정부 시절의 유사 상황과 비교·분석하고 대안을 제시하고자 했습니다. 단순 비판에 그치지 않으려 애썼고 남북 관계를 국제 관계-외교와 연계해 국제정치이론적 맥락에서 설명하려는 노력도 했습니다.

《정세현의 외교토크》는 2013년 이후 《프레시안》과 진행해온 인터뷰 가운데 외교 문제와 관련된 내용들을 모았습니다. 외교의 세계에는 '영원한 적'도 '영원한 동지'도 없다는 생각, '내 나라'가 아니면 동맹국이라도 '남의 나라'이기 때문에 자국 중심성을 잃지 말아야 한다는 생각의 끈을 놓지 않으려고 노력했습니다. 결과적으로 박근혜 정부의 대북정책이나 외교정책에 대한 이야기를 주로 하게 되었습니다. 그러나 앞서 펴낸 책들처럼 이 책도 분석과 비판에 그치는 것이 아니라 대안을 제시하는 것에 무게를 두었습니다. 그 대안들이 모여 모쪼록 앞으로 대한민국의 대북정책과 외교에 조금이나마 도움이 되길 희망합니다.

1부 링 위의 외교

2부 북에 대한 무지

3부 남한, 외교의 실종

일러두기

— 이 책은 2013년 4월부터 2016년 2월까지 《프레시안》에 연재된 〈정세현의 정세토크〉 가운데 한반도 외교 문제와 관련된 부분을 정리하여 묶었다.

— 모든 인터뷰는 《프레시안》 박인규 대표와의 대담 형식으로 이루어졌다.

— 모든 꼭지의 도입부는 《프레시안》 정치부 이재호 기자가 정리하였다.

— 7장, 9장, 18장, 19장의 인터뷰에는 황재옥 평화협력원 부원장이 함께 참여하였다.

— 사진 출처 : 49쪽, 199쪽 연합뉴스.

북한이 원하는 것,

중국이 원하는 것,

미국이 원하는 것,

일본이 원하는 것,

.

.

.

그리고

대한민국이 원하는 것.

링 위의 외교

1

북한이 원하는 것 :

미국과의 '평화협정'

북한의 '벼랑 끝 전술'이 재현되는 것일까? 한국, 미국, 중국, 일본 등 동북아 주요 국가들에 새 정부가 들어섰던 2013년 초, 북한은 3차 핵실험을 감행했다. 이에 3월 한미 연합군사훈련에서 미국은 전략폭격기 B-52를 한반도 상공에 전개했고, 북한은 여기에 대응해 남한과 모든 통신선을 끊어버린 채 '1호 전투태세'를 발령했다. 높아진 한반도 긴장의 여파는 엉뚱하게 개성공단으로 튀었다. 4월 초 북한이 개성공단 내 남한 인력의 진입을 막으면서, 개성공단은 설립 이후 처음으로 석 달간 가동이 중단되는 초유의 사태를 맞았다.

유사한 행태를 꾸준히 경험했던 남한 사회에서는 북한의 도발에 대한 피로감이 점점 높아졌다. 도발과 보상으로 이어지는 악순환을 끊고, 제대로 버릇을 고쳐야 한다는 목소리가 힘을 얻었다.

그런데 여기에 빠진 것이 있다. '대체 북한은 왜 저럴까?'에 대한 분석이다. 박근혜 정부 출범 이후 북한이 한반도 긴장을 한껏 고조시킨 이유는 무엇일까? 북한은 무엇을 얻어내려는 것일까? 2013 0409

도발, 도발 그리고 다시 도발?

한국의 언론은 북한의 움직임만을 보도합니다. 북한이 움직이는 배경이나 원인에 대해 보도가 잘 나오지 않으니, 국민들로서는 북한의 도발이 난데없고, 그저 북한의 호전적인 본색을 드러낸 일이라고 생각하게 됩니다. 핵실험을 하니, 국제사회의 제재를 받는 것도 당연하다고 생각합니다. 한미 연합군사훈련인 키리졸브(Key Resolve)나 독수리훈련(Foal Eagle)도 매년 하는 군사훈련인데 북한이 너무 요란하게 대응한다고 생각할 수 있습니다. 북한 문제를 앞에 두고 여기까지만 생각을 전개할 수 있어도, 인과 관계에 관심을 갖고 분석적으로 보는 축에 속합니다. 보통은 '김정은이 나이가 어리다보니, 국내정치에서의 위상 강화를 위해 주민들에게 뭔가 보여주려고 겁 없이 위험한 군사놀음을 하고 있는 것 아니냐'라고 해석합니다.

하지만 북한의 이런 움직임에는 나름대로의 배경과 이유가 있습니다. 2002년부터 한국군, 주한미군, 해외 주둔 미군은 매년 3월 초부터 4월 말까지 야외기동훈련인 독수리훈련을 키리졸브와 통합해 실시해오고 있습니다. 독수리훈련의 명칭은 한미 연합특수전훈련에 참가했었던 미군 1특수부대단(1th SFG)과 한국군 1공수특전여단의 별명인 새끼 나귀(Foal)와 독수리(Eagle)를 따서 지은 것이죠. 특수부대가 참여하는 훈련인 셈입니다.

키리졸브는 말 그대로 '중요한 결의'라는 뜻입니다. 한반도에 전쟁이 발발했을 때, 한미연합사령부가 대규모로 한반도 이외 지역에서 미국 증원군 병력과 장비를 최전방 지역까지 신속하고 안전하게 파견·배치하는 절차를 숙달하는 연합전시증원훈련입니다. 1976년부터 시작된 한국과 미국의 대규모 연합훈련인 팀스피리트(Team Spirit)가 정치적 이유 등으로 중단되자, 1994년부터 이를 대신하기 위한 한미 연합전시증원연습(RSOI: Reception, Staging, Onward Movement, Integration)이 실시되었습니다. 이 RSOI의 이름이 2008년부터 키리졸브로 바뀐 것입니다. 한국과 미국의 연합훈련은 이렇게 매년 봄, 연례적으로 시행됩니다.

그런데 2013년 3월 1일부터 4월 말까지 진행되었던 독수리훈련은 예년에 비해 강도 높게 진행되었습니다. 이명박 정부는 정권 말기에 북한을 위협할 수 있는 한미 합동군사작전계획을 수립합니다. 이는 북한이 한국으로 국지도발을 할 경우에 대한 한국과 미국의 대응계획입니다. 만약 북한이 국지도발을 감행할 경우 한·미 양국의 군대는 '북한의 심장부'를 타격한다는 것이었죠. 한·미 간 합의된 내용이었습니다.

2013년 키리졸브가 끝나고 난 뒤에 독수리훈련이 유난히 강력하게 전개됩니다. B-52 폭격기가 괌에 있는 미군 공군기지에서 한반도로 공개적으로 출격했습니다. 핵무기를 16발이나 장착할 수 있는 B-2 폭격기 2대도 미국 본토에서 한반도 상공까지 날아왔죠. B-2는 레이더에도 잡히지 않는 스텔스 폭격기입니다. 게다가 미국의 최첨단 F-22 전투기가 일본의 가데나 공군기지에서 한반도로 출격했습니다. 괌, 일본 그리고 미국 본토에서 미국의 최첨단 공격무기들이 언제든지 북한을 칠 수 있다는 무력시위를 한 셈이죠. 이것이 이명박 정부 때 한국과 미국 사이에 확정된 국지도발 대응계획의 일환인지는 정확하지 않습니다. 그러나 만약 그렇다면 이것은 북한에 대단히 위협적입니다. 하늘뿐만이 아니었죠. 핵잠수함과 구축함도 동해와 서해로 출격했습니다. 북한으로서는 '이러다 죽는 것 아닌가' 하는 생각을 했을 겁니다.

북한의 2013년 2월 12일 핵실험 이후, 유엔 차원의 대북제재결의안이 3월 7일 통과되었습니다. 그리고 한·미·일은 북한 제재 모드에 들어갑니다. 여기에 3월 11일부터 21일까지 키리졸브가 있었고, 3월 1일 시작된 독수리훈련은 4월 말까지 계속됩니다. 결국 4월 말까지 북한은 정치·경제·군사 등 전방위에 걸쳐 위협을 받고 있었습니다. 북한이 난리를 친 이유입니다.

미국은 '협상', 이명박 정부는 '반대'

질문 하지만 북한이 먼저 2012년 12월 12일 장거리 로켓을 발사하고, 2013년 2월 12일 3차 핵실험을 강행하는 등 군사적 위협을 강화하고 있었던 것 아닌가요?

틀린 말은 아닙니다. 하지만 원인이 결과를 낳고, 그 결과가 새로운 원인이 되는 인과 관계의 고리 가운데 어느 부분을 어떻게 잘라내서 분석을 시작하느냐에 따라 책임 소재는 달라집니다. 이번 상황의 인과 관계를 정확하게 따지기 위해서는 다시 핵 문제로 돌아가야 합니다.

북한은 '이번에는 오바마 정부와 핵 문제를 그야말로 끝내야겠다'는 목적이 있었을 겁니다. 그래서 오마바 정부가 출범한 직후인 2월 12일 핵실험을 했겠죠. 즉 북미 평화협정 체결, 북미 관계 정상화를 핵과 맞바꿔 체제 안전을 보장받겠다고 작정했던 것입니다.

북한은 그동안 '강수를 두면 반드시 미국은 회담에 나왔다'는 '성공의 추억'이 있습니다. 1993년 3월 NPT를 탈퇴했을 때, 또 2006년 10월 첫 번째 핵실험을 했을 때, 그동안 압박과 무시 전략으로 일관했던 클린턴 행정부와 부시 행정부가 협상장에 나왔습니다. 북한의 강수에 미국은 처음에는 제제를 하는 방향으로 움직이지만, 결국에는 비공개든 공개든 회담으로 갑니다. 북한은 새로 출범한 2기 오바마 정부와 '이번에는 결판을 내자'는 생각으로 연이어 초강수를 두었던 것 같습니다.

1기 오바마 정부 때도 협상을 통한 북핵 문제 해법이 시도된 바 있었습니다. 그런데 이명박 정부가 반대하는 바람에 무산되었죠. 그 과정을 면밀히 되짚어볼 필요가 있습니다. 오바마 정부 출범 직후 2009년 2월 13일, 당시 힐러리 클린턴 미 국무장관은 아시아 소사이어티 초청 연설에서 중대한 발언을 합니다. 북핵 문제 해결을 위해 미국은 세 가지가 준비되어 있다는 것이었죠. 첫째, 9·19공동성명에 명시된 북미 수교를 하겠다는 것. 둘째, 공동성명 4항에 있던 평화협정 문제를 우선적으로 논의하겠다는 것. 셋째, 경제 지원을 하겠다는 것이었습니다.

9·19공동성명의 원래 내용은 북이 핵을 폐기할 수 있도록 북미 수교와 경제 지원, 그리고 평화협정 논의를 하겠다는 것입니다. 북핵 문제 해결을 위한 6자회담에서는 2005년 9월 19일에 6개국 모두가 동의하는 안을 마련했습니다. 이를 '9·19공동성명'이라고 부르는데, 1) 북한의 비핵화, 2) 미국과 북한의 수교, 일본과 북한의 수교, 3) 북한을 제외한 5개국의 대북 경제 지원, 4) 정전협정을 대체할 평화협정 논의, 5)

한국이 북미 수교를 막은 꼴

9·19공동성명에 담겼던 북미 수교와 평화협정은
2009년 2월, 힐러리 미 국무장관에 의해 다시 수면 위로 떠올랐지만
이명박 정부의 비협조로 인해 적극적으로 추진되지 못하였다.

이 합의사항들은 말 대 말, 행동 대 행동 원칙에 따라 이행한다는 것이 주요 내용이죠. 다만 평화협정 문제는 핵 문제가 어느 정도 해결되면 별도 포럼에서 논의를 시작한다는 정도로 뒤로 미뤄놓았던 것입니다. 2009년 힐러리 클린턴 미 국무장관의 발언은 북핵 문제가 부시 정부에서 해결을 보지 못하고 오바마 정부로 넘어왔으니, 이를 빠르게 해결하기 위해 평화협정 문제를 앞으로 돌리겠다는 의미였습니다.

미국의 이런 구상에 대해 이명박 정부가 반대했습니다. '비핵·개방·3000'이었죠. 이명박 정부의 대북정책인 비핵·개방·3000은 "북한이 핵을 포기하고 개방하면, 한국이 국제사회와 협력해서 북한 주민의 1인당 소득을 3,000달러까지 만들어주겠다."라는 것이었습니다. '북한이 핵을 포기하고 개방한다면'이라는 전제 조건이 붙은 겁니다. 그전에는 남북 교류협력이나 대북 지원을 하지 않겠다는 의지였습니다.

이명박 정부의 '선(先) 비핵화' 장벽에 막혀 오바마 정부도 평화협정 논의를 시작하지 못했으며, 결국 6자회담도 못했습니다. 이렇게 시간을 보내는 동안 북한은 2009년 5월 25일 2차 핵실험을 감행합니다. 북한의 핵실험은 힐러리 클린턴 미 국무장관이 이야기한 그 방식대로, 북한 핵 포기와 미국의 북한 체제 안전보장 문제에 대해 빨리 논의를 시작하자는 메시지였죠.

미국은 북한의 핵실험에 대한 유엔제재결의안을 만들어놓고 대북 제재를 진행시키면서도, 북한과의 협상 가능성을 모색했습니다. 그해 7월 23일 태국 푸켓에서 열린 ARF(아세안 지역 안보포럼) 회의에서 힐러리 미 국무장관이 또 그 이야기를 한 것입니다. 그런데 이번에도 이명박 정부가 협조하지 않았습니다. 11월에 다시 힐러리가 파키스탄에서 있었던 기자회견에서 같은 이야기를 합니다. 오바마 대통령이 한국을 방문하고, 힐러리 미 국무장관이 파키스탄에 있었던 때였습니다. 그리고 그날 오바마 대통령이 이명박 대통령에게 보즈워스 대사를 평양에 보내겠다면서, 한미 정상회담이 끝나고 공동 기자회견에서 본인이 직접 그 계획을 발표하겠다고 했습니다. 사실 외교적인 관례상 이 정도 이야기는 수행원 중 차관보가 발표해도 될 일입니다. 그런데도 오바마 대통령이 직접 발표하겠다고 한 것은 그만큼 6자회담 재개를 중시했다는 이야기죠. 보즈워스를 평양에 보내 북한이 핵을 포기하면 미국이 수교해주고, 평화협정도 체결하고, 경제 지원도 해주겠다고 하는, 이른바 '힐러리 해법'을 북한에 설명하고 동의를 얻어온 뒤 6자회담으로 가겠다는 것이었습니다.

그런데 이명박 정부는 또 비협조적으로 나왔습니다. 물론 미국도 힘을 못 쓰게 되었습니다. 왜냐하면 핵 문제의 핵심 당사국은 미국이지만 핵 문제가 발생했을 때 최대 피해 당사자인 한국 정부가 협조하지 않으면, 미국도 나서야 할 이유와 명분이 없어지기 때문입니다. 만약 6자회담에 한국이 안 나오면 어떻게 될까요? 회담을 시작할 수도 없는 겁니다. 이렇게 6자회담 재개정책은 없었던 것이 되었고, 오바마 정부도 더 이상 '힐러리 해법'을 추진할 수 없었습니다.

이명박 정부가 북핵 문제 해결 방법이라고 내놓은 것은 '그랜드바겐'(Grand Bargain, 일괄 타결)이었습니다. 이명박 정부는 그동안 행동 대 행동, 말 대 말과 같은 방식의 단계적 · 점진적인 회담이 결국 북한의 살라미 전술(큰 목표를 달성하기 위해 작은 목표들부터 조금씩 얻어가는 단계적인 전술)에 말려들 여지만 주었다고 보았습니다. 그러니 과거처럼 하지 말고, 서로 주고받을 수 있는 것을 한꺼번에 테이블에 올려놓고 한방에 해결하자는 것이었습니다. 그런데 미국은 이명박 정부의 그랜드바겐에 대해 "전혀 협의가 없었다."라는 반응을 보였습니다. 중국, 러시아, 일본 등의 지지도 받을 수 없었습니다. 물론 북한은 거들떠보지도 않았죠. 결국 그랜드바겐이라는 '이명박 해법'도 그냥 사라지게 됩니다.

북한이 오바마 정부 2기가 출범하는 시점, 그리고 한국에서도 정부가 새로 출범하는 시점에 이렇게 강하게 나오는 것은, 오바마 정부 1기 때의 '힐러리 해법'을 빨리 가동시키자는 메시지입니다. 그런데 마침 이 시점에 독수리훈련, 키리졸브, 유엔안보리대북제재결의안 같은 것들이 함께 돌아가게 됩니다. 그렇다보니 구분이 잘 안 되지요. 북한의 진짜 메시지는 '힐러리 해법'을 적용하자는 겁니다.

북한이 원하는 것, 미국과의 '평화협정'

북한 핵 문제에서 핵심 당사국은 북한과 미국입니다. 문제를 일으키는 것은 북한이고, 문제를 해결할 능력과 책임은 미국에게 있습니다. 북한이 핵카드로 받아내려는 것은 북한의 안전보장입니다. 이것은 미국만이 해줄 수 있죠. 1993년 NPT 탈퇴 이후 북한이 20년 동안 줄기차게 요구해온 것이 북미 수교, 북미 평화협정, 경제 지원입니다.

1993년 3월 북한이 NPT를 탈퇴하겠다고 선언한 '1차 핵 위기'가 터진 뒤, 1994년 10월 '제네바기본합의'가 만들어졌습니다. 당시 북한은 북미 관계 정상화와 경제 지원을 요구했습니다. 그런데 북한과 미국이 수교하려면 정전협정을 평화협정으로 고쳐야 합니다. 현재 미국과 북한은 전쟁의 당사국이며, 협정으로 전쟁을 잠시 정지하고 있는 상황입니다. 사전 법적 조치가 필요한 것이죠. 결국 수교라는 정치적 행위와 정전협정을 평화협정으로 고치는 법적 행위는 표리 관계에 있는 것입니다.

당시 미국의 클린턴 정부는 '제네바기본합의'에서 관계 정상화의 전 단계로서 연락사무소 개설을 약속했습니다. 또한 경제통상 관계도 만들자고 했죠. 경제 지원의 일환으로 200만kW 경수로도 지어주기로 했습니다. 그런데 이렇게 약속을 했지만, 미국 국내정치 상황의 변화로 북한의 요구는 이행될 수 없었습니다. 1994년 11월 중간선거에서 공화당으로 의회 권력이 넘어갔죠. '제네바기본합의' 이행이 무산되면서, 초동 단계에서 북핵 문제를 근본적으로 해결할 수 있는 기회를 놓쳤습니다.

북핵 문제는 '합의 – 파기 – 제재 – 협상 – 합의 – 파기…'의 사이클이 있다고 합니다. 그런데 이 사이클에 들어 있는 파기는 북한만 저지른 것이 아닙니다. 미국도 내부의 정치적 환경으로 인해 합의를 이행하지 못한 경우가 있습니다. 북한은 기술적으로 안 지킨 것이고, 미국은 정치적인 입장 때문에 안 지킨 경우가 많습니다.

오바마 정부 1기에서 '힐러리 해법'은 2009년 연말까지 살아 있었습니다. 보즈워스가 2009년 11월 말에 평양을 방문해 북미 수교, 평화협정 체결, 경제 지원 논의를 위해 6자회담을 시작하자고 북한에 제의했습니다. 북한도 여기에 동의했죠. 그리고 이를 이명박 정부에 이야기했는데, 이명박 정부가 안 된다고 했습니다. 결국 진행되지 않았습니다.

2009년 5월 북한의 핵실험에도 오바마 정부는 연말까지 힐러리 해법을 가동했지만, 이명박 정부의 반대로 추진하지 못했다는 사실을 북한은 기억하고 있을 겁니다. 그런데 새롭게 들어선 박근혜 정부는 아직까지 이명박 정부처럼 선 비핵화를 요구하지 않고 있습니다. 북한으로서는 '지금 세게 밀어붙이면 미국이 움직이고, 바로 6자회담으로 가지 않겠는가.' 하고 생각했을 겁니다.

북한은 3차 핵실험 이후 6자회담에 의해 가동이 중지됐던 영변 원자로를 재가동하겠다고 발표합니다. 이는 6자회담 합의사항이 실질적으로 모두 깨졌다는 것을 보여주기 위한 상징적인 조치라고 볼 수 있습니다. 하지만 실제 재가동에 목적이 있다기보다는 '6자회담 합의가 완전 무효화되는 것을 그대로 방치할 것이냐'는 질문을 던진 것일 수도 있습니다. 즉 6자회담을 재개하자는 이야기인 것이죠.

2013년 미국의 국무장관은 존 케리로 바뀌었지만, 북한은 1기 오바마 정부 때 시도했던 힐러리 해법이 2기 오바마 정부에서 다시 추진되기를 바랍니다. 1기 때는 북한의 선 비핵화를 고집하는 이명박 정부 때문에 결실이 없었지만, 박근혜 정부는 아직 선 비핵화를 얘기하지 않고 있습니다. 한국과 미국이 잘 공조하면 제대로 된 판을 짤 수 있을 것이라고 생각합니다.

이명박 정부가 미국의 발목을 잡는 것을 보면서 저는 두 가지 생각을 했습니다. 우선은 한국의 힘이 세졌다는 것입니다. 1990년대 초·중반까지만 해도 한국 정부가 아무리 반대를 해도 미국은 자신들이 필요하다고 판단하면 북한과의 협상을 밀어붙였습니다. 김영삼 정부 시절이 대표적인 경우였죠. 한국이 남북 관계 개선 없이 북미 접촉은 불가하다며 반대했지만, 미국은 북한과 대화를 했습니다. '통미봉남'(通美封南)이었습니다. 그런데 이는 북한이 어떤 고도의 전략을 쓴 결과가 아닙니다. 한국은 북한과 대화를 하지 않고 압박을 주장하는데, 미국이 자신들의 필요에 의해 또는 동북아 전체 판세를 관리하는 차원에서 대화할 필요가 있다고 판단하여 북한과 협상에 나서면 '통미봉남'이 오는 것이죠. 다른 하나의 생각은 '한국의 힘이 한반도의 상황을 악화시키는 데 쓰일 때도 통하는구나.' 하는 것이었습니다.

김대중, 노무현 정부 때 대북정책은 남북 관계 개선과 북핵 문제 해결의 병행이었습니다. 이명박 정부는 비핵화가 먼저였습니다. 박근혜 정부는 대화를 먼저 시작하지만 비핵화도 해야 한다고 해서 선(先) 대화 후(後) 비핵화인 줄 알았는데, 연계라고 해서 조금 혼란스럽습니다. 그러나 다행스러운 것은 선 비핵화는 아니라는 것이겠죠. 대화의 여지가 있어 보입니다. 박근혜 대통령이 후보 때 공약으로 내놓은 한반도 신뢰프로세스가 '박근혜 독트린'의 위상을 갖고 있다고 보는데, 신뢰프로세스에 선 비핵화를 갖다 붙일 수는 없을 겁니다. 신뢰 구축과 북핵 문제 해결을 함께 가지고 가겠다는 의도라고 생각합니다. 북한도 아마 이런 점에 기대를 걸고 있지 않나 싶습니다. 북한이 세게 나가는 것 같지만 서둘러 6자회담이나 북핵 문제 해결을 위한 회담을 하자는 것일 텐데요, 왜 북한은 회담을 서두르는 것일까요?

북한 경제가 2011년, 2012년보다 좋아졌다는 평가도 있습니다. 하지만 주민들이 충분히 먹고 입고 할 만큼은 아니라고 봅니다. 북한 경제의 내부 자원이 모두 고갈됐기 때문입니다. 북한식 용어로 '내부 예비'조차 없는 겁니다. 그래서 '외부 예비', 밖에서 북한을 도와줄 수 있는 물자들이 들어가지 않으면 경제가 제대로 돌아가지 않습니다. 따라서 제재가 풀려야 하고, 남북 교류협력이 살아나야 합니다.

북한 경제에서 차지하는 한국의 대북 지원이나 경협의 규모가 그렇게 크지는 않습니다. 그래도 없는 것보다는 낫겠죠. 어쨌건 큰 규모의 지원은 미국에서 들어가야 합니다. 1999년 미국은 지하 핵시설로 의심받던 금창리 지하 동굴의 현장 답사를 위해 식량 60만 톤을 지원한 적이 있습니다. 결국 핵시설이 아닌 지하 동굴로 밝혀졌죠. 하지만 미국은 지하 동굴을 확인하는 관람료로 60만 톤을 지원할 수 있는 스케일을 갖고 있습니다. 마음만 먹으면 식량 지원 100만 톤 정도는 얼마든지 할 수 있습니다.

중국의 대북 지원으로 북한 경제가 호전됐다는 견해도 있습니다. 하지만 중국이 무턱대고 북한을 지원하지는 않습니다. 중국도 요즘은 시장경제원리가 국가경제 운영의 중심이 되면서, 정치적인 이유만으로 북한을 지원할 수는 없게 되었습니다. 한국에서 무엇인가 들어가지 않으니, 대체재 차원에서 중국 것이 북한에 들어가는 정도입니다. 북한이 중국 때문에 먹고 산다든지, 형편이 완전히 풀렸다든지 할 정도는 아니라고 봅니다.

박근혜 정부가 주의해야 할 것은 북한과 미국이 북핵 문제 해결을 위해 협상에 나설 경우, 이를 막지 말아야 한다는 것입니다. 김영삼 정부나 이명박 정부처럼 하지 말아야 합니다. 북핵 문제의 역사를 볼 때 북한 책임이 제일 크고 미국 책임도 없지 않습니다. 하지만 한국 정부의 반대로 북핵 문제의 해결 기회를 흘려보낸 측면도 있다는 것을 알아야 합니다.

김대중, 노무현 정부는 미국이 이 문제를 풀 수 있도록 적극적으로 지원했습니다. '통미통북', '통미통남'을 하던 당시에는 남북 관계가 잘 돌아가니까 오히려 한국이 미국이나 북한에 대해 발언권을 가질 수 있었습니다. 북미 협상이 잘 안 풀릴 경우, 북한을 설득해 달라고 미국이 한국에 요청하기도 했죠. 한국은 협상의 촉매제 역할을 할 수 있었습니다. 북핵 문제 해결의 로드맵으로 평가된 9·19공동성명은 6·15 남북 정상회담 이후 심화된 남북 관계를 디딤돌로 해서 만들어진 것 아닙니까?

다음으로 북미 관계와 한미 관계, 남북 관계를 제로섬게임으로 볼 필요는 없습니다. 북미 관계가 좋아지면 한미 관계가 나빠지고, 남북 관계도 나빠지는 식이 아닙니다. 오히려 그 반대죠. 윈윈할 수 있습니다. 남북 관계가 잘 풀리면서 북핵 문제도 해결 국면으로 들어갔던 성공사례가 있습니다.

북한이 6자회담으로 나오게 된 것은 2003년 8월이었습니다. 그때 한국은 북한을 6자회담으로 끌고 나오는 데 지대한 역할을 했습니다. 제가 통일부 장관으로 있을 당시, 2003년 8월 7차 남북 장관회담부터 14차까지 여덟 번 남북 장관급회담을 할 때마다 회담 합의문 제1항에 매번 '북한이 핵 문제 해결에 좀더 전향적으로 움직이겠다'는 내용들을 담느라 애를 먹었습니다. 장관급회담 시간의 3/4 정도를 거기에 썼죠. 북핵 문제가 국민적 관심사일 뿐만 아니라, 남북 관계 개선이 북핵 문제 해결에 도움이 된다는 것을 국민들이 피부로 느낄 수 있게 해야, 대북 지원도 할 수 있고 남북 관계를 더 발전시킬 수 있었기 때문입니다. 박근혜 정부는 판을 이렇게 짤 생각을 해야 합니다.

미국도 북핵 문제 해결을 위해 북한과 대화를 해야 하겠지만, 본격적인 궤도에 오르기 시작하면 절대 한국을 빼놓을 수 없습니다. 미국이 다자회담 방식으로 북핵 문제를 해결하려는 데는 이유가 있습니다. 핵 문제 해결 과정에서 북한에 상당 규모의 경제 지원을 해줘야 합니다. 아무리 미국이라도 이를 혼자서 감당할 수 없습니다. n분의 1로 나누자는 생각을 할 것이고, 한국을 끌고 들어가고 싶어할 것입니다.

1994년 제네바 합의로 북한에 200만kW 경수로를 지어주기로 했는데, 공사비 46억 달러 가운데 70%를 한국이 담당했습니다. 20%는 일본, 10%는 EU에 넘기고, 미국은 1년에 5천만 달러 정도의 중유만 8년 정도 지원했습니다. 6자회담 시작할 때도, 미국은 판을 관리하는 데 필요한 경비를 나눌 생각으로 처음부터 다자회담으로 가자고 했습니다.

한편 1:1 협상에서는 한쪽이 약속을 안 지키면 어쩔 수가 없어집니다. 그래서 미국은 여러 나라가 관여해 설사 북한이 약속을 안 지키더라도 다른 나라가 영향력을 행사할 수 있게 다자 방식을 택한 것입니다.

따라서 한국이 처음부터 판에 안 들어간다고 하면, 아예 협상 판이 만들어질 수 없습니다. 한국을 빼고는 할 수가 없다는 것이죠. 또한 한국은 촉매제 역할을 할 수 있습니다. 북미 관계가 너무 잘나간다고 해서 우리의 역할이 왜소해진다는 생각을 할 필요는 없습니다. 북한과 미국의 대화가 본격적으로 시작되면, 한국의 역할이 더 돋보이고 필요해질 것입니다.

더불어 미국에 대한 한국의 발언권도 커지게 됩니다. 2003년 8월부터 미국은 6자회담을 열어놓고 회담 전에, 또 북한과 미국 사이의 별도 회담이 있을 때, 반드시 한국의 통일부 장관에게 연락을 해왔습니다. 제임스 켈리 차관보의 경우는 통일부에 와서 다음으로 예정되어 있는 남북 고위급회담 때 북한에 이런저런 얘기를 미리 전달해달라고 부탁할 정도였습니다. 차기 6자회담에서 일이 빨리 진행될 수 있도록 사전 정지작업을 부탁한 것이죠. 그때도 금석지감이 들었습니다. 어느 세월에 한국 정부가 북핵 문제에 이렇게 영향력을 갖게 됐나 하는 생각이 들었습니다.

외교부와 상의해도 되는 미국 관료들이 통일부에 왜 오겠습니까? 남북 관계를 관리하는 통일부가 북한에 대해 영향력이 있다는 것을 확인했기 때문이겠죠. 이렇게 남북 관계가 잘 풀리면 미국에 대해서도 한국의 위상이 떳떳해질 수 있습니다. 이명박 정부 때는 미국이 한국에 부탁해도 안 되니 중국에 어떻게 좀 해보라고 했습니다. 북핵 문제 해결하는 데 중국의 역할을 기대한 것이죠. 과거에는 한국에 그런 역할을 요청했습니다.

정전협정과 평화협정

정전협정을 평화협정으로 바꾸는 문제와 관련해 우리 국민들이 갖고 있는 불안감이 있습니다. 평화협정을 체결하면 주한미군이 한반도에서 철수할지도 모른다는 것이죠. 북미 수교가 되고 미군이 나가면 한국의 안보는 어떻게 하느냐는, 일종의 공포감입니다. 그런데 한반도평화협정이 체결되면 북·미 간 평화협정뿐만 아니라 남과 북 사이에도 평화협정이 체결되어야 합니다. 그리고 그런 약속들을 보장하는 국제협력 체제가 구축되어야겠죠. 거기까지가 한반도 평화 체제입니다. 만약 북한이 평화협정을 체결하고도 다시 전쟁을 일으키면, 그때는 국제적 제재가 들어가는 겁니다.

평화협정을 체결하면 걱정은 오히려 미국이 해야 합니다. 주한미군이 철수하면 갈 곳이 없거든요. 그런데 북한이 여기에 대해서도 이미 1992년 초에 미국이 안심할 수 있는 답을 주었습니다. 1992년 1월 김용순 조선로동당 비서가 미국을 방문합니다. 김용순은 아놀드 켄터 당시 미 국무차관에게 "북미 관계 정상화되면 미군이 한반도에 주둔하는 걸 용인하겠다."라고 제안합니다. "물론 주한미군이 지금과 같은 성격은 아니다. 일종의 균형자, 평화조성자 역할이다."라는 조건을 붙였죠. 이는 통일 후에 독일에 남아 있는 5만 명의 미군과 같은 역할을 의미합니다. 주한미군은 이렇게 하면 됩니다. 현재 독일에 있는 미군은 유럽 질서를 지키는 역할을 하고 있고 있지 않습니까.

또 클린턴 정부 때 김정일 국방위원장이 올브라이트 미 국무장관을 만나서 이런 이야기를 했습니다. "북미 관계가 정상화만 되면 미군 문제는 다 해결될 것이다. 이미 미국에 이야기하지 않았느냐." 이런 상황이니 힐러리 클린턴이 북한과 평화협정을 체결할 수 있다고 말한 것이었습니다. 따라서 미군이 없으면 북한이 한국을 공산화시킬지 모른다며 한국전쟁을 애써 상상할 필요는 없습니다. 그러니 서둘러 평화협정 협의를 시작하고, 북미 수교하고, 북일 수교도 해서 한반도가 좀 평화로워져야 합니다.

중국이 원하는 것 :

중국의
꿈

중국이 G2로 부상하고 북한에 대한 남한의 영향력이 크게 약해지면서, 중국이 북한을 압박해 핵을 포기시켜야 한다는 이른바 '중국 역할론'이 전면에 등장했다. 특히 2013년 북한 3차 핵실험 직후 존 케리 미 국무장관이 한국과 일본을 잇달아 방문하면서 한·미·일은 한목소리로 중국 역할론을 강조했다.

여기에 자국의 이익을 위해 북핵 문제 해결이 필수적이라는 중국 스스로의 입장도 중국 역할론에 힘을 실어주는 주요 배경으로 작용했다. 북핵이 중국을 견제하려는 미국에 더없이 좋은 구실이 되고 있는 상황에서, 중국이 문제 해결에 적극적으로 나설 수밖에 없다는 것이다.

그러나 중국이 북한을 압박하는 방식으로 북핵 문제를 해결할 것 같지는 않다. 한국과 미국 관계만큼, 북한과 중국의 관계도 돈독하다. 역사적으로도 중국은 군사적 방식보다 '화친'(和親)의 방식으로 주변 국가들을 다스려왔다. 또한 세계 곳곳에서 미국과 패권을 다투고 있는 중국 입장에서도, 북한의 지지와 동맹 유지는 상당히 중요하다. 2013 0421

동북3성 진흥계획과 북중 동맹

중국은 후진타오 주석 집권 후반기부터 랴오닝, 지린, 헤이룽장 성의 동북3성 진흥계획에 많은 투자를 하고 있습니다. 후진타오 주석은 2003년 취임 이후, 중국에서 상대적으로 낙후된 동북3성 경제를 진흥시키기 위한 계획을 수립합니다. 이 계획은 2004년부터 본격적으로 추진되어, 2005년부터는 일본과 한국의 투자를 유치하려고 했지요. 동북3성의 경제 진흥에 북한은 긍정적이든 부정적이든 중요한 영향을 미칠 수밖에 없습니다. 또한 북한 경제에도 선순환적 영향을 미칠 것이기 때문에 우리의 관심 사안이기도 합니다.

동북3성 진흥계획에서는 길림성에서 나진·선봉으로 가는 출해권을 확보하는 문제가 아주 중요합니다. 중국은 자기 돈을 투자해서 나진·선봉 쪽으로 고속도로 등의 인프라를 만들고 있습니다. 즉 중국 경제 부흥에 북한이 굉장히 중요한 요소라는 뜻입니다. 또한 중국은 서쪽으로 신압록강 대교를 건설 중입니다. 신압록강 대교는 앞으로 남한으로도 연결될 수 있습니다. 동북3성에서 생산한 물자를 중국 내륙으로 수송하는 데도 북한을 통하면 편합니다. 또한 수출품을 나진·선봉을 통해 상하이나 홍콩으로 옮길 때 물류 비용이 훨씬 저렴합니다. 나진·선봉·신의주는 중국 경제 순환에 중요한 역할을 하고 있는 것입니다.

이렇게 북한이 중국에 경제적으로도 중요하기 때문에, 중국은 어떻게든 북한을 끌어안아야 합니다. 그런데 계속 골치 아픈 일을 벌이니, 중국의 피로감도 만만치 않을 겁니다. 한편 중국은 유엔안보리 상임이

사국입니다. 국제사회에서 북한을 관리하라는 요구가 계속되는데 무반응으로 나갈 수도 없습니다. 하지만 강수를 두다가 북한이 튕겨 나가기라도 하면 동북3성 진흥계획이 무너질 판입니다. 중국더러 북한을 내치라고 하는 것은 순진한 요구입니다.

중국이 북한을 함부로 내칠 수 없는 데에는 눈앞의 경제적 이익뿐만 아니라 구조적인 문제도 있습니다. 한국에서는 한미 동맹이 가장 소중한 것이라며 계속 강화해야 한다고 합니다. 북한에게 가장 중요한 동맹은 무엇일까요? 중국이 외국과 맺은 조약 중 가장 강력한 것이 1961년 북한과 맺은 '북중 우호협력 및 상호원조 조약'입니다. 이 조약이 맺어지기 닷새 전인 7월 6일 김일성 수상이 소련에 가서 흐루쇼프 소련공산당 서기장을 만나 '북소 우호협력 및 상호원조 조약'을 체결했습니다. 6월 29일 평양을 떠난 뒤 7월 6일에야 동맹 조약을 체결했으니, 사실은 소련이 북한의 요구를 잘 안 들어주었다는 얘기겠죠. 김일성 수상은 소련과 어렵사리 조약을 체결한 뒤 바로 중국으로 가서 11일에 북중 우호협력 및 상호원조 조약을 체결합니다. 두 조약 1조에는 동일하게 "어느 일방이 무력 침공을 당하거나 개전 상태에 놓이게 되면 상대방은 지체 없이 군 및 기타 원조를 제공한다."라는 내용이 들어 있습니다. 한미 상호방위조약은 이만큼 강력하지 않습니다.

소련과 맺은 조약의 효력 기간은 10년이고 이후 5년씩 연장하게 되어 있었습니다. 중간에 한쪽이 문제를 제기하면 고칠 수도 있었습니다. 이렇게 5년씩 연장해오던 것을, 1992년 러시아 쪽에서 부담을 느껴 북한에 폐기를 통보했습니다. 이후 2000년 9월 '북러 신(新)우호선린협력 조약'을 새로 체결했고, 북한과 러시아는 일반적 우호 관계가 되었습니다. 동맹으로서 북한과 소련, 아니 러시아는 이미 1992년에 끝난 것이죠. 반면 북한과 중국 사이의 조약은 20년 기간으로 하되, 20년씩 연장할 수 있습니다. 게다가 폐기하려면 쌍방의 합의가 필요합니다. 덕분에 지금도 강력하게 살아 있습니다. 그만큼 중국에게 북한은 중요하다는 뜻입니다.

더 근본적인 것은 한나라, 당나라 이래 중국은 전통적으로 주변 유목 민족들을 화친(和親)으로 다스려왔다는 것입니다. 유목 민족들이 중국을 괴롭힌다고 하더라도 군사적 조치가 아닌, 식량을 공급해주거나 공주를 시집 보내 아예 사위의 국가로 만들어 관리하는 화친의 방식으로 외교를 이끌어왔습니다. 중국 외교에는 기미부절(羈縻不絶)이라는 방침도 있습니다. 기미는 소나 말의 고삐와 재갈이라는 뜻입니다. 고삐를 느슨하게 놔두고 일정한 테두리에서 움직이게 하되, 테두리를 벗어나려 하면 경고를 하거나 제재를 가한다는 것입니다. 그것이 중국 외교의 기본이고 전통입니다. 이는 중화인민공화국이 수립된 이후에도 저우언라이의 평화공존 5원칙 속에 그대로 들어가 있습니다. 내정불간섭·상호존중·상호불가침·평화공존·호혜평등입니다. 중국의 수염을 뽑으려만 하지 않는다면, 웬만하면 다독거려 데리고 가는 것이 중국 주변 외교의 기본입니다.

중화부흥(中華復興), 중국의 꿈(中國夢)

오늘날 중국 외교 방침은 4자성어로 정리되어 있습니다. 덩샤오핑 시절 도광양회(韜光養晦, 어둠 속에 자신을 숨기고 때를 기다린다)로 시작해 후진타오 시대인 2003년부터는 화평굴기(和平崛起, 평화롭게 우뚝 선다), 2004년 유소작위(有所作爲, 적극적으로 참여해 내 뜻을 관철시킨다)를 얘기했습니다. 이제 자신들도 힘이 있으니까 꿇었던 무릎을 펴고 일어나겠다는 뜻입니다. 중국은 더 이상 시키는 대로 하는 국가가 아니며, 필요한 행동은 하겠다는 것입니다. 커진 국력에서 강한 자신감이 배어난 것입니다. 2005년이 되면 화해세계(和諧世界, 세계와 조화롭게 어울린다)를 이야기합니다. 조화롭게 만든다는 뜻이지만, 그 말 속에 '팍스 시니카'(Pax Sinica)도 들어 있습니다. 중국 중심의 국제 질서를 만들겠다는 것이죠. 조화롭게 만든다는 얘기는 골치 아픈 녀석들도 품어 자기 편으로 만들고, 중국의 말을 듣게 만들겠다는 것입니다.

시진핑은 중화부흥(中華復興), 중국의 꿈(中國夢)을 들고 나왔습니다. 화해세계와 연결되면서도 "중국은 하늘 아래 가장 가운데 있는 나라다. 이게 중화다."라는 것을 강조합니다. 여기서 제일 중요한 것은 미국과 관계 설정입니다. 그리고 이를 위해서는 지리적으로 가장 가깝게 붙어 있는 북한을 어떻게든 안정적으로 관리해야만 중화부흥으로 가면서 동북아에서 미국의 힘을 약화시킬 수 있습니다. 이런 상황에서 중국더러 북한을 버려라?

중국이 러시아에서 낡은 무기를 사오는 이유가 무엇이겠습니까? 미국은 인도, 파키스탄과 손을 잡고, 그 두 나라를 사실상 핵보유국으로 인정했습니다. 미국은 베트남과도 협력을 이야기하는 한편 러시아에도 손을 뻗치려 합니다. 중국은 이를 차단하기 위해 수호이-35 전투기 같은 러시아의 낡은 무기를 구매해줍니다. 러시아가 중국 편이 되든지 아니면 최소한 중립을 지키라는 얘기겠죠. 중국이 아프리카 탄자니아에 가서 200억 달러 차관을 제공하는 것이나, 잠비아에 50억 달러를 원조하는 이유는 또 무엇일까요?

이런 걸 보면 시진핑 시대 중국 외교가 마오쩌둥 시절의 '3개 세계론'의 연장선상에 있지 않나 하는 생각이 듭니다. 마오쩌둥 시절 중국은 미국 중심 서구 세계를 1세계, 소련 중심 동구 세계를 2세계라 불렀습니다. 그리고 두 축에 끼지 못하거나, 두 세계와 상대하지 않는 나라들인 아프리카, 동남아 등의 나라들을 3세계로 분류해 이들에게 중국과 손잡고 미국, 소련에 대항하자고 했습니다. 이런 식으로 중국의 패권을 확립하겠다는 것이 '3개 세계론'이었습니다.《삼국지》에 나오는 제갈공명의 천하 삼분론관도 비슷합니다. '지금 미국 중심의 국제 질서에 편입되지 않은 나라들은 모두 중국 편으로 만들겠다. 그렇게 해서 전 지구적 차원에서 미국과 한번 힘겨루기를 해보자'는 것이죠. 이런 차원에서도 북한은 중국에게 중요합니다.

중국은 북한을 압박하는 방식은 쓰지 않을 겁니다. 중국에 기대할 수 있는 것은, 북한이 '비핵화'(핵무기 개발과 보유를 완전히 포기하는 상태)를 확실히 할 수 있게 설득하는 일입니다. 북한의 비핵화가 중국에도 바람직합니다. '비확산'(유엔에서 공식적으로 인정된 5대 핵보유국, 미·러·중·영·불 이외의 국가가 핵무기를 갖지 못하도록 하는 것)은 중국에는 별 도움이 안 됩니다. 미국이 북한의 핵무기는 용인하되 대외로 확산되는 것만 막으면서, 북한의 핵무기를 빌미로 중국에 대한 군사적 봉쇄 조치를 강화할 수도 있기 때문입니다. 중국도 비확산보다는 비핵화를 바랄 것이라고 봅니다. 그러니 한국은 중국과 긴밀한 협의를 통해서 북한의 비핵화에 대해, 중국이 확실한 입장을 정립하도록 협조해야 합니다. 미국에게만 부탁하거나 매달리지 말고, 북핵 문제 때문에라도 독자적인 중국 외교를 강화해야 합니다.

3

북한 비핵화 VS 한반도 비핵화

박근혜 정부 출범 이후 처음으로 한국과 중국 정상이 만난 자리에서 양측은 '한반도 비핵화'를 실현한다는 데 인식을 같이했다고 밝혔다. 그러나 양측의 입장은 다소 달랐다. 정상회담 직후 기자회견에서 박근혜 대통령은 "우리 두 정상은 어떤 상황에서도 북한의 핵 보유는 용인할 수 없다는 데 인식을 같이했다."라고 말했다. 그러나 시진핑 주석은 "우리 양측은 한반도 비핵화를 실현하는 것을 견지하고, 대화와 협상을 통해 문제를 해결하는 것을 견지한다는 데 인식을 같이했다."라고 밝혔다.
두 정상 모두 비핵화를 강조했기 때문에 북핵 문제 해결에 뜻을 같이했다고 해석할 수 있는 대목이다. 그러나 '북한 비핵화'와 '한반도 비핵화'는 그 의미가 다르다. 전자는 북한의 핵만 제거하겠다는 뜻이지만, 후자는 미국의 핵우산을 비롯해 한반도 내의 모든 핵을 없애야 한다는 의미다. 이는 북핵 문제 해결을 위한 6자회담에서 중국의 입장을 정확하게 인지해야 한다는 지적으로 이어진다. 중국이 강조하는 지점은 한국, 미국, 일본과 분명 다르며, 이에 맞춰 전략을 짜야 한다는 주문이다. 2013 0708

북한 비핵화와 한반도 비핵화

북한은 2012년 4월 헌법을 개정했습니다. 개정 헌법에는 '핵보유국'임을 명시했습니다. 한국은 물론이고 미국, 중국, 일본 모두 이를 인정하지 않았습니다. 북한은 '과거와 같은 6자회담은 의미가 없으며, 핵군축회담으로 바로 건너가야 한다'고 주장합니다. 협상전략상 하는 말이지만, 상당히 오랫동안 계속될 주장으로도 보입니다.

이는 '강탈적 요구'라는 협상전략입니다. 말도 안 되는 대가를 내놓으라고 요구하다가, 상대방의 양보를 받아낸 뒤 요구를 거둬들이는 수법이죠. 북한은 미국을 상대로 핵군축회담을 하자고 합니다. 하지만 핵무기 7,000~8,000개를 가지고 있는 나라와 2~3개 가지고 있는 나라가 어떻게 핵군축회담을 하겠습니까. 그러나 북한은 이런 식으로 처음에 일단 강하게 부른 다음, 깎아주는 척하며 챙길 것을 챙기겠다고 생각하는 것 같습니다. 외교용어로는 '만일의 상황을 위한 준비'(fallback position)라고 부릅니다.

북한은 미국에 당국회담을 제안하면서 자신들의 핵 보유는 '전략적 선택'이라고 주장합니다. 전략적 선택이라는 표현은 '값만 높게 쳐주면 내려놓을 수 있다'는 뜻입니다. 그런데 한미 정상회담 후 한국 정부가 북핵을 어떤 경우든 용인할 수 없다는 식으로 이야기하고 한·중 간에도 북한의 비핵화가 완전히 합의된 것처럼 얘기하자, 북한은 핵은 절대로 포기할 수 없다는 반응을 보였습니다. 이것은 협상전략의 일환일 것입니다. 미국에는 '전략적 선택'일 뿐이라고 하면서, 한국 정부에는 절대 포기할 수 없다며 기를 꺾으려고 한 것이죠.

'북한 비핵화'와 '한반도 비핵화'는 전혀 다른 개념입니다. 북한 비핵화는 북한의 핵무기를 제거하고 핵 개발을 저지하는 것을 말합니다. 한반도 비핵화는 한국을 포함한 한반도 전체에 핵무기의 반입, 배치, 사용을 막자는 이야기입니다. 1991년 말에 남과 북이 합의한 '한반도비핵화공동선언'에 사용된 뜻이기도 합니다.

중국은 북한 비핵화에 합의하지 않았을 겁니다. 중국으로서는 미국과 얘기할 때도 한반도 비핵화를 이야기하겠죠. 그런데 한국 정부 입장에서는 한반도 비핵화라는 표현이 갖는 의미가 한미 동맹의 약화로 연결된다고 생각할 수 있습니다. 그런 이유인지 한국 정부는 될 수 있으면 북한 비핵화라고 얘기하려는 경향이 있습니다.

북한은 "조선반도 비핵화(한반도 비핵화)가 '수령'님과 '장군'님의 유훈"이라고 말합니다. 조선반도 비핵화는 '미국이 우리를 핵으로 공격하지 않는다면 우리의 핵을 내려놓을 수 있다, 그런 점에서 우리의 핵을 폐기시키고 싶으면, (미국 본토에 갖고 있는 핵에 대해서는 시비를 안 걸겠지만) 한반도 해역에 출몰하는 함정들에 탑재된 핵무기로도 우리를 공격하지 않겠다는 보장을 해달라'는 것입니다. 그러나 한반도 비핵화는 쉬운 문제가 아닙니다. 미국의 입장에서 보면, 몇 개 안 되는 북한의 핵무기를 없애기 위해 동북아에서 자신의 핵 능력을 약화시키는 게 쉬운 결정이 아닙니다. 이것은 단순히 한미 동맹 차원에서 제공하는 핵우산의 크기를 줄이는 문제가 아닙니다. 한반도 해역을 드나드는 미국의 항공모함과 군함들에 핵무기가 탑재되는 이유가 북한 때문만은 아니죠. 미국은 이를 통해 중국과 러시아까지도 견제하려고 합니다. 한반도 비핵화는 동북아에서 미국의 군사이익과 직결되며, 따라서 미국이 북한의 핵무기를 폐기시키기 위해서 한반도 해역에서 핵무기를 싣고 다니지 않겠다고 약속하기는 쉽지 않습니다.

다만 미국이 먼저 북한을 공격하지 않겠다는, 즉 핵으로 선제공격을 하지 않는다는 약속을 하는 선에서 북한 비핵화를 달성할 수 있다고 봅니다. 그 내용이 평화협정에 들어가야겠죠. 물론 미국이 이렇게까지 할 것인지는 두고 봐야 합니다. 하지만 최소한 선제 핵 공격을 않겠다는 것이 평화협정 안에 들어가야 북한의 비핵화를 끌어낼 수 있을 겁니다.

혼란의 원인은 정부와 일부 언론이 한국, 중국, 미국, 일본 등 모두가 북한 비핵화에 합의했다는 듯이 이야기하는 데 있습니다. 북한은 북한대로 미국의 핵우산 때문에 한반도 비핵화를 꺼냈지만, 중국 입장에서는 북핵 문제가 해결되지 않을 경우 미국이 북한을 핑계로 핵 전력을 전개할 경우 중국에 위협이 될 수 있기 때문에 한반도 비핵화를 바라는 것입니다. 따라서 미국의 대북 선제공격이 없을 것이라는 약속 없는, 북한만의 비핵화에 대해서 중국은 절대 합의하지 않을 겁니다.

한국은 이런 상황에서 북한 비핵화라는 표현을 써서는 안 됩니다. 국민들에게 정확히 알리는 것은 당연한 일이고, 협상 테이블에서 이 문제를 풀어나갈 때도 이런 개념 혼란에 빠져서는 제대로 대응할 수 없기 때문입니다. 홍보 논리와 정책 논리가 섞이면 안 되는 것이죠. 정책 논리는 야박할 정도로 냉철해야 하고, 우리 자신의 문제점부터 정확하게 파악한 다음 출발해야 합니다.

한국과 미국은 물론이고 중국, 러시아, 일본까지도 '북핵 불용'이라는 입장은 같습니다. 북한이 핵무기를 가지면 동북아의 평화와 안정을 유지할 수 없다는 점은 명확합니다. 하지만 북핵 불용을 강조한다고 해서 북한 비핵화가 달성되는 것은 아닙니다. 한반도 비핵화라는 틀 안에서, 북한 비핵화와 대북 선제 핵 공격을 않겠다는 미국의 약속을 맞바꾸는 접근이 필요합니다. 북핵 문제와 관련해서 개념상의 혼선을 잘 정리해나가면서 앞으로 남북회담과 6자회담, 또는 4자회담 전략을 잘 수립해가야 합니다.

2013년 7월 27일은 정전협정 60주년이 되는 날이었습니다. 북한으로서는 60주년을 맞아 평화협정을 체결해야 한다는 공세를 대대적으로 전개할 수밖에 없었습니다. 과거 1970년대 초 북한이 북미 평화협정을 체결하자고 할 때는 한반도의 전쟁 상태를 종식하자는 차원의 제안이었습니다. 북한이 핵실험에 성공한 지금은 그것이 북미 수교, 한반도 비핵화와 연결되는 문제가 되었습니다. 덩어리가 커졌습니다. 북미 수교를 하려면 법적으로 평화협정을 체결해야만 합니다. 정전 상태, 사실상 전쟁 상태에서는 수교할 수가 없습니다. 수교를 하려면 평화협정을 체결해야 합니다. 지금 북한은 이 두 가지를 한꺼번에 받기 위해 핵카드를 들고 나온 것입니다.

평화협정, 북미 수교, 한반도 비핵화 등 세 가지가 얽혀 있어 쉽지는 않습니다. 한반도 비핵화를 위해 미국이 동아시아에서 핵우산을 완전 철거할 수도 없을 겁니다. 하지만 결국에는 평화협정에 "미국의 북한에 대한 선제 핵 공격은 없다." 정도의 약속을 넣어주는 선에서 마무리되지 않을까 싶습니다. 물론 거기까지도 상당한 시간이 걸리겠죠.

미국이 원하는 것 :

중국을
포위하라

2014년 4월, 미국 오바마 대통령이 한국을 방문했다. 예정에 없던 방한이었다. 한쪽에서는 한국이 미국에 줄 '선물'을 마련한 것 아니냐는 관측이 나왔다. 그 선물이란 미사일 방어체계(MD)를 비롯한 미국의 첨단 무기를 구입하는 것이다.

그런데 한국이 미국에 이 선물을 안겨주는 것은 곧 한·미·일 3국의 군사동맹이 강화된다는 것을 뜻한다. 동시에 중국을 포위하는 미국의 동북아 전략에 참여하겠다는 것도 의미한다.

오바마 정부는 '아시아로의 회귀'를 천명한 이후, 한·미·일 3국의 동맹을 강화해 중국을 포위하겠다는 전략을 지속적으로 추진하고 있다. MD나 사드 배치는 바로 중국을 견제하려는 군사적 조치다.

북핵을 해결하지 못한 채 중국을 포위하는 대열에 빨려 들어갈 것인가? 아니면 북핵을 해결하고 동북아의 조정자 역할을 할 것인가? 대전략 없이 흔들리는 외교정책 속에 한국의 선택지는 점점 좁아지고 있다. 2014 0413

공짜 점심은 없다

2014년 4월 오바마 대통령 아시아 순방 일정은 원래 일본, 필리핀, 말레이시아로 잡혀 있었습니다. 그런데 한국을 방문하는 일정이 1박 2일 끼어들었습니다. 한국 정부의 요청에 응한 결과로 알려졌지만, 과연 이렇게 미국 대통령의 방한을 유치하는 것이 국익에 도움이 될지는 의문입니다. 오히려 방한의 대가로 한국이 미국에 주어야 할 선물을 마련해야 하는 상황이 우려됩니다.

비슷한 경우가 전에도 있었습니다. 1996년 4월 총선을 앞둔 시점이었습니다. 클린턴 당시 미국 대통령이 일본을 거쳐 중국을 방문하는 일정이 잡혀 있었습니다. 한국 방문은 계획에 없었죠. 김영삼 정부는 이때 클린턴 대통령의 방한을 성사시키기 위해, 북핵 문제를 풀기 위한 4자회담이라는 선물을 내놓았습니다. 남·북·미·중이 모여 이 문제를 협의하자는 제안을 미국과 함께 하자는 것이었습니다. 미국은 이를 받아들였습니다. 대신 클린턴 대통령이 일본을 거쳐 중국으로 가는 도중 몇 시간 동안 제주도에 들러주기로 했습니다. 한국과 미국의 정상이 노란 유채꽃밭 앞에서 4자회담을 제안하는 장면을 연출한 후, 클린턴 대통령은 베이징으로 날아갔습니다.

당시 김영삼 정부가 클린턴 대통령의 방한을 어떻게든 추진하려고 했던 이유는 총선 때문이었습니다. 만약 클린턴 대통령이 한국을 건너뛰고 일본과 중국만 방문한다면, 한미 동맹을 금과옥조처럼 여기는 집권 여당 지지자들의 비난을 피하기 어려웠을 겁니다. 당연히 선거에

유채꽃밭 앞에서의 4자회담 제안

1996년 4월 16일, 제주도에서 열린 한미 정상회담에서 양국은 4자회담을 제의했다. 대북정책에서 냉탕과 온탕을 오가 '사우나 외교'라는 지적을 받은 김영삼 정부였지만, 한국이 북핵 문제의 당사자였기에 미국으로서는 김영삼 정부를 무시할 수 없었다.

부정적 영향을 미칠 것이라는 불안감이 정부와 여당 내에 퍼져 있었습니다.

당시 한국과 미국의 대북정책을 들여다보면 4자회담이 왜 미국에 '방한 답례 선물'이 되었는지를 알 수 있습니다. 김영삼 정부는 대화로 북핵 문제를 풀어보려는 미국의 정책에 계속 어깃장을 놓고 있었습니다. 한·미 간 대북정책에 엇박자가 나고 있었던 것이죠. 이 때문에 미국은 종종 한국에 불편한 심기를 드러냈고 소위 '통미봉남'(通美封南)이라는 말도 이때 많이 회자되었습니다.

1994년 제네바합의로 북핵 문제는 일단 봉합이 됐고, 미사일 문제 등이 남아 있을 때였습니다. 그런데 김영삼 정부는 이를 위한 북미 양자회담을 못마땅하게 생각하고 있었습니다. 미국 중심으로 북한 문제를 풀어가는 상황, 남한 입장은 반영되지 않으며 결과만 통보받는 것에 대한 불만이었죠. 한미 관계가 삐걱거리게 된 이유 중 하나입니다.

이렇듯 대북협상에서 미국과 다른 입장을 갖고 있던 한국이 4자회담을 제안하니, 미국은 뿌리칠 이유가 없었습니다. 클린턴으로서는 동북아 국제정치에서 미국의 리더십과 주도권을 부각시킬 수 있는 기회로 활용할 수 있다는 계산이 있었을 것입니다.

문제는 2014년 한미 정상회담은 이 정도 수준의 대가로 성사된 것은 아닌 것 같다는 점입니다. 더 큰 대가가 있지 않나 싶습니다. 미국의 최근 동아시아 정책과 관련해 미국에 절대적으로 이익이 되는 대가를 지불할 수 있다는 약속이 있었을 수도 있습니다. 결국 무기 구매 문제일 가능성이 높습니다.

질문 **안 그래도 한국 정부가 오바마 방한의 대가로 미사일 방어체계(MD)를 비롯해 미국의 무기체계를 구입해줄 것이라는 관측이 나왔습니다. 실제로 미국이 무기 판매에 열중하고 있는 것일까요?**

미국은 자동예산삭감제도(시퀘스터) 때문에 앞으로 10년간 국방비를 줄여나가야 합니다. 2008년 글로벌 금융위기 이후 미국의 재정적자가 심해졌습니다. 미국 의회는 2011년 8월, 향후 10년간 매년 1,100억 달러씩 총 1조 2,000억 달러의 미 연방정부 지출을 자동 삭감하기로 하는 '예산관리법'(Budget Control Act)을 의결했죠. 시퀘스터는 2013년 1월 1일 발동될 예정이었으나, 민주당과 공화당이 2013년 1월 초 재정절벽 법안을 극적으로 통과시키면서 3월 1일로 기한을 두 달 연기시키기로 합니다. 어쨌건 1,100억 달러의 삭감 예산 가운데 국방비 삭감액은 매년 500억 달러입니다.

그런데 미국이 동아시아에서 패권을 유지하는 데 필요한, 중국 견제 차원에서 요구되는 무기 현대화를 무슨 재원으로 마련하겠습니까. 결국 일본이나 한국 등 동맹국들이 미국산 신형 무기를 구매하는 수밖에 없습니다. 일본을 방문한 척 헤이글 미 국방장관이 일본의 무기수출 3원칙 해제를 적극 지지한 것도 이런 맥락에서 나온 것입니다. 심지어 헤이글 장관은 중국에 가서 영토 문제와 관련해 일본 편을 들 수밖에 없다고 말했습니다. 미국은 미일 동맹을 강화해가면서 아시아 국가들과 손잡고 중국을 포위하려고 합니다. 오바마 대통령의 말레이시아 방문도 중국을 포위하려는 의도가 깔려 있다고 봐야 합니다.

갈 길 바쁜 오바마는 중국 견제에 중요한 계기가 될 2014년 아시아 순방에 굳이 한국까지 들를 여유가 없었을 수도 있습니다. 그런 오바마가 서울에 왔다면 미국의 첨단무기를 사거나 MD와 관련해 좀더 진전된 입장을 미국에 약속하는 정도의 선물은 준비했을 가능성이 있습니다. 이 정도 수준이 아니고는 미국을 움직이기 힘들었을 것입니다.

북핵보다는 중국 포위망 강화

문제는 상황이 이렇게 되면 북핵 문제 해결은 더욱 어려워진다는 점입니다. 북한이 항상 주장하는 것이 미국의 '대북 적대시 정책 철폐' 아닙니까? 북한은 미국이 이 정책을 바꾸지 않으면 절대 핵을 내려놓지 않겠다고 말합니다. 이 와중에 한국이 미국의 첨단 무기를 사거나 MD를 구축해서 안보·군사 협력을 강화해간다면, 북한은 자신들을 공격하기 위한 것이라고 해석할 수밖에 없습니다. 물론 핵에 대한 북한의 집착은 더 커지게 되겠죠.

미국은 말로는 북핵 문제를 해결해야 한다고 합니다. 그리고 북한이 먼저 핵 폐기 의사를 보여야 한다고 주장했습니다. 그것이 6자회담 재개의 조건이었죠. 또 한편으로는 북한의 선(先) 행동을 이끌어내는 데 중국의 대북 압박이 필요하다며 중국 역할론도 제기했습니다.

그런데 말로는 북핵 해결을 외치지만 실제 행동에서는 한·미·일 군사동맹을 강화하고 있는 미국의 행보를 보면서, 북한의 6자회담 재개에 대한 기대는 낮아졌을 것입니다. 특히 2014년에는 22년 만에 가장 강도가 높은 한미 상륙훈련인 쌍용훈련도 실시했습니다. 모두 북한으로 하여금 협상을 통해 핵을 내려놓는 대가로 북미 수교, 평화협정 등을 받아내기 어렵겠다는 생각이 들게 하는 요인입니다.

오바마의 아시아 순방 목적은 북핵 문제보다는 일본을 비롯한 아시아 동맹국과의 동맹 강화입니다. 중국에 대한 군사적 포위망을 강화하기 위한 것이죠. 센카쿠 열도(尖角列島, 중국명 댜오위다오釣魚島) 등에서 중·일 간 영토분쟁이 생기면, 확실하게 일본 편에 설 것임을 분명히 천명했습니다. 또 필리핀, 베트남 등이 연관된 난사군도 문제에서도 미국은 중국과 반대편에 설 가능성이 높습니다.

질문 말씀하신 대로 2014년에 22년 만에 가장 큰 규모의 한미 연합상륙훈련인 쌍용훈련이 열렸습니다. 물론 북한을 자극할 만한 일이라고 보이는데요, 이런 사안을 왜 굳이 언론에 공개했을까요? 군 당국이 대대적인 홍보를 벌인 의도는 무엇일까요?

대규모 훈련이 언론에 공개된 것을 보면 마치 북한에게 "반발해봐."라고 말하는 것 같습니다. 결국 북한이 새로운 핵실험을 할 수 있다는 이야기까지 나오게 만들었죠. 이것은 다시 '저런 협박 공갈이나 하는 자들과 무슨 회담을 하느냐'는 여론이 일어나길 바라는 노림수가 있다고 봅니다. 문제의 해결을 이야기하면서, 문제가 안 풀리도록 상황을 만드는 고도의 양면전술입니다. 실제 우리 사회 내에서도 북한과 협상을 하는 것이 의미가 없다는 여론이 점점 더 높아지고 있지 않습니까? 상황이 이렇게 전개된 데에는 국내정치적 계산도 깔려 있다고 봅니다.

1996년 총선을 앞두고도 비슷한 일이 있었습니다. 판문점에서 북한이 박격포 진지를 구축한다는 이야기가 나왔는데, 당시 대통령이 기회가 있을 때마다 이 이야기를 꺼냈죠. 연일 언론에 보도가 되었고, 결국 여당이 총선에서 승리했습니다.

무인기 사건만 봐도 그렇습니다. 2014년 4월 2일 무인정찰기가 강화도에 추락했고, 무인기의 이륙 지점이 어딘지를 두고 남과 북이 책임 공방을 벌였습니다. 무인정찰기에 장착된 카메라에 청와대 부근이 찍힌 걸로 봐서 북한 소행이라는 일부 언론 보도가 나갔고, 이에 대해 북한은 남한의 자작극이라며 며칠 동안 설전이 오갔죠.

국방부는 초기에 대공 용의점이 없다고 했습니다. 이것이 실체적인 진실일 가능성이 높습니다. 저는 2000년대 이후 우리 국방부의 정보수집 능력을 높게 평가하는 쪽입니다. 그동안 이 분야에 많은 투자가 있었거든요. 그런데 이 사건을 국내정치적으로 이용하려는 정치인들과 일부 언론에 의해 문제가 증폭되기 시작했습니다. 마치 무인기가 대단한 무기인 것처럼 되어버렸습니다. 대통령까지 나서서 군 대비태세에 문제가 있다며 질책하고 나섭니다.

그러자 국방부는 자신들도 열심히 했다고 항변하면서, 우리의 무인기 전력을 공개하는 어처구니없는 일을 저지르고 말았습니다. 군사적인 관점에서 보면 상대 전력에 대한 정보를 알아내는 것보다, 아군의 전력이나 국력에 대한 정보를 잘 지키는 것이 더 중요합니다. 불판이 뜨겁다고 뛰다가 불 속에 빠져버린 결과가 된 셈입니다.

현재까지 발견된 무인기가 북한에서 출발했다는 결정적인 증거는 나오지 않았다는 것이 국방부 발표입니다. 그럼에도 무인기 이슈가 실체적 진실과는 별개로 대단한 일인 것처럼 포장되었고, 이스라엘의 저공 레이더를 사들인다는 이야기까지 나오고 있습니다. 사태가 이렇게 커지게 된 데는 보수 언론이나 보수 논객들에 책임이 있습니다. 국내정치적 목적 외에 다른 의도를 가진 게 아닌지 하는 생각까지 듭니다.

예를 들어, 주한미군 및 주일미군의 예산 문제와 이 문제를 연결시키려는 의도가 아닌가 하는 생각입니다. 미국의 예산심의가 오는 7월부터 하원에서 열립니다. 그런데 이미 지난 3월부터 미군 태평양사령관이 북한과 관련해 위험한 사태가 올 수 있다면서 서태평양 지역, 특히 주한미군이나 주일미군의 예산을 깎으면 안 된다는 주장을 하고 있습니다. 그러면서 여론을 조성해가고 있는데, 무인기 이슈도 이와 연결되어간다는 느낌이 듭니다. 국방부가 처음에는 대공 용의점이 없다고 했지만, 불과 며칠 사이에 입장이 바뀌었습니다. 이제는 북한 소행으로 추정은 되는데 결정적인 증거는 아직 못 찾았다며, 한·미가 합동으로 조사하기로 했다는 발표까지 했습니다.

만약 이 무인기가 정말 북한의 것이라면, 북한은 아주 싼 값으로 남한의 국방비를 탕진시키는 효과를 본 셈입니다. 물론 북한이 이 정도까지 계산하면서 움직였을 가능성은 높지 않습니다. 결국 우리가 과잉 대응을 하는 것이라고 볼 수 있습니다.

미국의 내심은 북핵 문제의 해결인가

질문 북핵 문제와 관련해, 한국과 미국의 말과 행동이 다른 것 같습니다.

공개되는 정책과 실제 추진되는 전략이 다를 수 있습니다. 공식적으로 한국과 미국은 북핵 문제를 반드시 풀어야 한다고 말합니다. 양국은 '그동안 회담을 통해 이 문제를 풀려고 했지만 북한이 회담 이후 합의사항을 이행하지 않고 약속을 어겨서 비핵화가 지금까지 진전이 안 됐다', '북한이 핵 문제를 풀려는 의도가 없었고 회담을 하는 척하면서 시간을 벌어 자신의 핵 능력을 강화시켜서 동북아의 평화를 위협하려고 하는 것'이라는 논리로 책임을 북쪽에 넘겼습니다.

양국은 북핵 문제 미해결의 책임을 전부 북한에 넘기면서, 6자회담 재개를 위해 북한이 핵 폐기 의지를 행동으로 먼저 입증하라고 촉구했습니다. 그런데 이렇게 되면 북한도 똑같은 이야기를 할 수 있습니다. 북한도 핵카드로 얻어내려는 반대급부가 있는데, 미국이 이를 줄 의향이 있는지 확인해달라고 말할 수 있습니다. 북한만 의지를 보여야 하는 것이 아니라, 미국도 의지를 보여야 한다는 주장을 할 수 있다는 뜻입니다.

미국은 그동안 북한한테 여러 번 당했다면서, 이번에는 북한의 선행동을 확인하고 움직이겠다고 합니다. 그러면 그동안 미국이 북한처럼 작은 나라한테 당할 만큼 어리석었다는 말인가요? 미국은 제1차 세계대전 종전 이후부터 국제정치를 좌우해온 나라입니다. 군사력은 물론 막강한 정보력이 있는 나라입니다. 초강대국 미국이 북한한테 속았다, 당했다고 말하는 건 자가당착입니다. 미국의 대국답지 않은 처신과 책임 전가에는 다른 의도가 있다고 봐야 합니다.

물론 북한이 약속 이행을 잘 하는 나라는 아닙니다. 남한과의 회담에서 합의한 사안들을 이런저런 핑계를 대며 질질 끌거나, 합의 문구를 북한에 유리하게 재해석하면서 약속 불이행의 책임을 우리 측에 떠넘기는 사례가 많았습니다. 책임 공방을 하는 동안 다른 꿍꿍이를 시도한 적도 많습니다. 그러나 외교나 국제정치에서 절대선, 절대양심 같은 것은 없습니다. 북한도 미국에게 뒤통수를 크게 맞은 적이 있습니다. 2005년 9·19공동성명 합의 당시 미국은 합의가 나온 바로 다음 날, 방코델타아시아(BDA)에 있는 북한 계좌를 동결해버렸습니다. 이러다 보니 북한도 미국의 본심을 믿을 수 없다는 이야기를 하고 있는 것입니다.

지금 같은 상황이라면, 미국이 북핵 문제를 더 악화시키려는 의도가 있지 않은가 하는 의심까지 들 정도입니다. 북핵 문제가 완전히 해결되면 미국은 동북아에 무기를 판매하기 어렵습니다. 특히 미국은 MD를 이 지역에 팔아야만 중국의 군사력을 제압하는 동시에 미국 군산복합체의 수익을 보장할 수 있습니다. 그런데 MD를 팔려면 북핵 문제가 꼬여 있어야 합니다. 북핵을 구실로 MD의 필요성을 한국과 일본에 설득할 수 있기 때문입니다. 어쩌면 미국은 공식적으로는 북핵 문제 해결을 목표로 하고 있지만, 내부적으로는 북핵 문제를 미해결로 남겨두거나 북한의 핵 보유를 기정사실화해서, 한·일 정부가 MD를 구입할 수밖에 없게 만들려고 하는지 모릅니다.

2002년 10월 미국의 켈리 특사가 평양을 방문해 고농축 우라늄 문제를 제기하면서, 결국 제네바합의는 그해 말에 파탄이 났습니다. 그리고 이 때문에 1994년 제네바합의로 2002년 말까지 8년 동안 동결됐던 북한의 핵 활동이 풀렸습니다. 이후 북한은 세 차례의 핵실험을 했고 사실상의 핵보유국이 되어가고 있습니다. 미국은 왜 그랬을까요? 고농축 우라늄 문제가 있다고 하더라도, 협상에 의한 해결을 모색할 수도 있었을 겁니다. 왜 북한을 무작정 압박해 제네바합의에 파탄을 몰고 왔을까요?

그 시점에 주목할 필요가 있습니다. 당시는 중국의 경제력이 1990년대보다 훨씬 커지기 시작하면서, 중국의 국제정치적 발언이 행사되기 시작한 때였습니다. 후진타오 주석이 등장한 시점(2003년)입니다. 이때부터 미국은 중국 견제를 대외정책의 주요 목표로 삼은 것으로 보입니다. 그리고 이 정책 목표를 달성하기 위해 북핵은 좋은 빌미가 된 것입니다.

북핵이냐 중국 견제냐

놀랍게 빠른 속도로 국력을 키운 중국은 시진핑 주석 취임 이후 2013년 6월 미중 정상회담에서 미국과 '신형대국 관계'(新型大國關係)를 구축하겠다며 태평양을 나눠 쓰자는 이야기까지 합니다. 어찌 보면 2002년 미국이 제네바합의를 파탄에 이르게 하면서 북핵 문제를 악화시켰던 것은, 부시 정부의 호전적 성향 때문만은 아니었을 가능성이 있습니다. 당시에는 단순히 부시 정부의 대북정책 기조라고 보았지만, 돌이켜 생각해보면 더 큰 틀에서 나왔던 정책이 아닐까 합니다. 즉 미중 관계를 관리하는 레버리지로서 '북한 때리기'를 시작했던 것이죠. 떠오르는 중국을 견제하면서 동북아에서 미국의 위상과 국익을 지켜나가기 위한 카드로 북핵을 잡은 것입니다. 100년 가까이 국제정치를 좌우했던 미국답게 멀리까지 본 것이겠죠. 오바마든 부시든, 보수든 진보든 국제정치의 세계에서 그리고 국가이익 앞에서 미국은 하나입니다. 말로는 동북아 평화를 위해서 북핵 문제를 해결하겠다고 외치지만, 행동은 중국이라는 무섭게 부상하는 세력을 견제하기 위한 전략 차원에서 북한을 압박해 북핵을 고질적 문제로 남겨두는 것입니다.

미국의 이런 전략은 우리에게 굉장히 위험한 상황으로 이어집니다. 그러나 반대로 이런 판세를 잘 읽고 한미 관계의 특수성을 활용해, 미국이 그야말로 '진정성'을 가지고 적극적으로 북핵 문제 해결의 길을 먼저 열어나가도록 요청해야 합니다. 그것이 북핵 문제를 해결할 모멘텀을 얻을 수 있는 길입니다. 그러나 박근혜 정부는 중국을 견제하려는 전략적인 의도를 갖고 있는 미국의 북핵 정책을 한미 동맹 강화 차원에서 관성적으로 추종하고 있는 듯합니다. 박근혜 정부의 북핵 정책이 미국과 동일한 입장을 유지한 채 진행된다면, 임기 내 북한이 핵보유국가로 확정되는 비극이 일어날 수도 있습니다.

5

미국의 시나리오 :

북한 붕괴론-북의 도발-중국 견제

2015년 새해 벽두부터 미국은 북한에 대한 압박을 강화했다. 김정은 북한 국방위원회 제1위원장의 암살을 다룬 영화 〈인터뷰〉의 제작사인 소니픽처스 엔터테인먼트를 해킹한 배후로 북한을 지목한 것은 미국의 오바마 대통령이었다. 그리고 곧바로 행정명령을 통한 금융제재에 돌입했다. 오바마 대통령은 여기에 그치지 않고 동영상 사이트인 유튜브와의 인터뷰에서 북한 붕괴를 언급하기에 이르렀다. 미국 대통령이 북한의 붕괴를 언급한 것은 분명 이례적인 일이었다.
이에 미국이 대북 압박 수위를 한층 높여가는 것 아니냐는 전망이 제기됐다. 한편으로는 북한의 저항을 유도해 한·미·일 삼각 군사동맹을 강화하고, 이를 통해 중국 압박을 강화하려는 미국의 포석이라는 진단도 나왔다. 2015 0129

미국의 시나리오

오바마 대통령이 유튜브와의 인터뷰에서 북한 붕괴 가능성을 공개적으로 거론한 이유는 북한을 정말 붕괴시키겠다는 생각보다는 압박을 통해 북한의 저항을 유도하려는 목적이 있기 때문으로 보입니다. 만약 북한이 도발하면 이를 핑계 삼아 군사적 대비책을 강화해야 한다는 논리로 이어지겠죠. 그리고 이런 차원에서 2014년에 체결한 한·미·일 군사정보공유 양해각서를 기반으로 삼국 사이의 군사협력도 강화될 것으로 보입니다. 미국의 이런 전략의 목표는 북한보다는 중국입니다. 북한이 미국의 대중국 견제정책의 좋은 구실이 되는 셈입니다.

질문 **미국이 관계 정상화를 추진하고 있는 쿠바, 핵 협상을 진행하고 있는 이란과 달리 북한에 대해서만은 노골적인 적대정책을 펼치고 있는 것도 중국 때문일까요?**

그렇다고 봅니다. 우리 속담에 '기둥을 때리는 것은 대들보 울리라는 것'이라는 말이 있습니다. 북한을 압박해서 중국을 견제하려는 것이 미국의 본심입니다.

미국이 쿠바를 계속 압박해서 얻을 수 있는 더 큰 국제정치적 이익은 없습니다. 북한의 배후에 있는 중국처럼, 쿠바의 배후에 미국에 대적할 수 있는 국가가 없기 때문이죠. 배후에 있는 국가를 견제하기 위해 반발을 유도하는 것도 대상국이 있어야 하는 일이죠. 쿠바를 압박하는 전략이 미국에 도움될 것이 없습니다. 이는 이란도 마찬가지입니다.

1962년 쿠바 미사일 위기 당시 소련과 미국은 긴장 관계에 있었습니다. 그러나 2015년의 러시아는 쿠바의 배후국가 노릇을 하고 싶어도 할 수가 없습니다. 그때만큼 러시아 국력이 강하지 않기 때문입니다. 오히려 러시아는 미국이 과거 소련 내에 있던 나라들을 끌어가는 것을 경계하면서 힘겨운 줄다리기를 하고 있습니다. 우크라이나 사태가 대표적입니다. 러시아가 관념적으로 쿠바를 동지 국가로 인식할 수는 있겠지만, 군사·정치·경제적으로 도와줄 수 있는 처지는 아닙니다.

한편으로 미국이 태평양의 전체 제해권(制海權)을 장악하고 동북아 지역에서의 패권을 유지하기 위해서는 '뒷쪽'이 깨끗할 필요가 있다는 점도 쿠바와 관계 정상화를 추진하는 요인 중 하나였을 것입니다. 미국의 이른바 '아시아로의 회귀' 발걸음을 경쾌하게 만들기 위해서라도 쿠바 문제는 해결하는 것이 좋다는 겁니다.

이란의 경우, 이란 자체가 중동에서 큰 나라입니다. 중동 지역에서 이슬람과 기독교 사이의 갈등이 커지면서 거의 전쟁 수준까지 가고 있지만, 이란은 과거 페르시아 시기부터 다른 아랍 국가들과는 좀 다른 곳이었습니다. 지리적 위치를 봐도 러시아나 중국을 등에 업을 상황은 아닙니다. 그러니 미국은 이란과 관계를 개선해서 석유 관련 이득을 볼 계산을 하고 있을 수도 있습니다.

이런 관점에서 본다면 북한은 중국 견제를 위한 매우 좋은 카드로 활용될 수 있는 지정학적 위치에 있습니다. 그런 점에서 북한의 운명이 기구하다고도 할 수 있습니다. 미국과 잘해보고 싶어도, 미국이 중국을 견제하는 상황입니다. 결과적으로 중국 때문에 북한이 미국으로부터 압박을 받는 것이죠.

오바마 대통령은 금융제재를 가하고, 인터넷을 통해 외부 정보를 유입시키면 반드시 북한이 반발하고 군사적인 행동도 취할 것이라고 예상한 듯합니다. 이를 기다리려는 것인데, 실제 북한이 이런 식으로 나오면 남북 대화 분위기는 깨지고 대북제재는 불가피해집니다.

또 미국의 대북제재가 합리화·정당화되면, 동시에 일본의 집단적 자위권 인정과 일본의 군사력 강화, 미국의 동북아 군사력 강화 등이 함께 추진될 가능성이 큽니다. 이러면 미국으로서는 중국을 견제하기 위한 자신들의 수고를 덜고, 현지의 대리인인 일본과 한국을 적극 활용할 수 있게 됩니다. 미국 입장에서 최선의 시나리오가 나오는 셈입니다.

미국이 북한의 해킹을 방치했다?

질문 미국이 한국의 도움을 받아 북한 인터넷망을 들여다보고 있었다는《뉴욕타임스》등의 보도에 따르면, 미국이 북한의 해킹을 모를 수가 없었을 겁니다. 그럼에도 가만히 있었다면, 이것은 미국이 북한의 해킹을 방치했다는 뜻은 아닌가요?

일종의 설(說)이니 사실 관계를 확인해봐야겠죠. 하지만 미국이 그동안 북한을 해킹하면서 이에 대응하는 북한의 능력을 파악하지 않았겠습니까? 미국 입장에서는 북한을 공격할 카드를 쥐고 있었던 것으로 보입니다. 이 카드를 언제 사용할지는 여러 가지 국제정치적인 상황과 연계해서 정하게 되는 것이죠. 국내정치도 마찬가지입니다. 예를 들면 대선의 경우, 정보를 가지고 있다가 결정적 순간, 투표 며칠 전에 이를 터뜨려서 상대방이 대응할 시간을 빼앗고, 상대 후보에게 불리한 여론을 조성해서 승리를 도모하지 않습니까.

미국 입장에서는 2014년 말과 2015년 초 남과 북이 자기들끼리 뭔가 주거니 받거니 하는 것이 굉장히 불안했을 겁니다. 2015년 1월 1일 신년사에서 김정은 제1위원장은 남북 관계 개선에 대한 의지를 강력하게 내비쳤습니다. 그리고 1월 15일 박근혜 대통령은 신년기자회견에서 광복 70년, 분단 70년이 되는 2015년에는 남북 관계가 개선되어야 한다는 언급을 했습니다. 남북 분단이라는 현상 유지를 바라는 입장에서는 남과 북이 모종의 메시지를 주고받은 것으로 보고 경계했을 가능성도 있겠죠.

미국은 한·미·일 군사정보공유 양해각서라는 변칙적인 방법까지 쓰면서 중국을 압박할 수 있는 군사적 공유 전선을 가까스로 구축해놓았습니다. 그런데 '분단 70년, 광복 70년'이라는 명분으로 남과 북이 갑자기 접근하니 이를 상당한 불안 요소로 보았을 수 있습니다.

남한이 미국에 '2015년은 분단 70년, 광복 70년이라 의미 있게 보내고 싶다. 남북 관계 진전에 미국이 협조해 달라.'라고 나올 것 같다는 생각에, 오바마 대통령은 2일 휴가지에서 서둘러 북한에 대한 금융제재를 시작한 것입니다. 남과 북이 가까워지면 미국은 북한 핑계를 대고 중국을 두들길 수 없게 됩니다. 미국은 자신들이 동북아에서 군사력을 증강시킬 수 있는 객관적인 명분을 북한이 제공해주길 바라고 있는데, 남과 북이 가까워지면 북한 핑계를 대기가 어려워지겠죠. 남북 관계 개선 속도를 조절할 필요가 있었던 겁니다.

과거에도 비슷한 사례가 있었습니다. 1990년에 시작한 남북 총리급 회담이 탈냉전 분위기 속에서 빠른 속도로 진전됐었습니다. 그런데 미국 군산복합체나 국방부 입장에서 보면 이러한 추세는 좋은 무기 시장이 없어지는 것과 같습니다. 1991년 초·중반으로 넘어오면서 빠른 속도로 남과 북이 합의문을 내놓을 것 같으니까 미국은 그해 여름, 북한의 핵 활동 정보를 슬그머니 내놓으면서 한반도비핵화공동선언도 해야 한다고 주장했습니다. 권고가 아닌 사실상 압박이었죠. 남북기본합의서와 한반도비핵화공동선언이 함께 나오게 된 이유입니다.

당시 한반도비핵화공동선언은 북한의 비핵화를 염두에 둔 것이었지만, 미국은 이를 남한에도 적용하려 했습니다. 그때 남한 내부에서 소위 '핵 주권'을 잃어버렸다는 비판들이 나왔습니다. 미국 입장에서는 무기 시장이 없어진다는 문제도 있지만, 북한의 핵기술이 제법 발전해 있는데 혹시 남과 북이 공유하는 상황이라도 생긴다면 더 복잡해진다는 생각이 들었을 겁니다.

그래서 1992년으로 넘어오면서 미국 국방부와 안보 라인이 움직이기 시작했습니다. 1992년 가을에 중단됐던 한미 연합훈련인 팀스피리트를 다음 해인 1993년에 재개한다는 결정이 나오게 되지요. 이러면서 남북기본합의서는 상당 부분 훼손당할 수밖에 없었습니다.

질문 그런데 이전에 미국 대통령이 공개적으로 북한 붕괴와 관련된 이야기를 한 적이 있습니까?

미국 대통령으로서는 처음이라고 기억합니다. 예전에 김영삼, 이명박 대통령이 통일이 가까워진다는 이야기를 한 적은 있지만, 붕괴라는 단어를 직접적으로 쓰지는 않았습니다.

오바마 대통령이 이런 표현을 쓴 것은 북한을 자극하기 위한 것으로 볼 수밖에 없습니다. 오바마는 인터뷰에서 인터넷으로 외부의 정보가 들어가 북한 내부 불만이 증폭되고, 이를 통해 북한의 현 체제가 붕괴된다는 공식을 적용했습니다. 공산권 국가를 상대로 전략을 세우는 미국 사람들의 기본적인 사고방식입니다.

물론 동유럽에는 이러한 공식이 먹히기도 했습니다. 1975년부터 시작된 헬싱키 프로세스도 10년 이상이 걸렸지만 계속 경제 교류와 사회문화 협력을 진행하면서 외부 정보가 들어갔고, 사회주의 체제의 열등성에 대한 비판의식을 고조시켰습니다. 이후 체제변환이 일어났습니다. 이를 '평화적 이행' 방안이라고 하는데, 오바마 대통령은 이런 일이 북한에서도 일어날 수 있다고 말한 것입니다.

하지만 일반적으로 공산권 국가들을 연구하는 미국 학자들이 유럽의 공산주의에 비해 아시아의 공산주의에 대해서는 잘 모릅니다. 제2차 세계대전 이후 중국과 대만이 국공협상을 했을 때도 미국이 개입했습니다. 미국은 판단 착오로 국민당보다는 공산당의 저우언라이를 더 높이 평가하기도 했습니다. 베트남 역시 미국의 판단 오류로 결국 공산당의 수중에 들어간 것 아닙니까.

마찬가지로 미국이 북한에 대해서도 잘못 판단하고 있을 수 있습니다. 북한은 오바마의 계획대로 되지 않을 가능성이 높습니다. 북한은 수십 년 동안 통제됐고, 3대 세습이 가능한 곳입니다. 그만큼 폐쇄적인 사회이며, 북한은 바깥에서 자기들을 어떻게 보는지 알지도 못하고 관심도 없습니다. 밖에서 들어오는 정보를 접하고 북한 내부 주민들이 동요해서 체제를 무너뜨린다는 이야기가 있는 것도 사실입니다. 설사 그렇다고 한들 북한 당국은 그렇게 될 때까지 손놓고 있을까요? 오히려 북한 내부의 감시, 감독, 통제는 지금보다 훨씬 더 심해질 것이고, 그러면 북한 인권 문제가 더 심각해질 것입니다.

또 북한 내부 통제가 강화되면 북한 내에서 생산되지 않는 물자를 거래하는 국경 지역 보따리장수들의 활동도 어려워질 것입니다. 당연히 생필품도 줄어들게 되겠죠. 미국식 사고방식으로는 생필품이 줄어들면 그 자체가 불만 요인이 되기 때문에 체제가 무너질 수 있을 것이라 볼 수 있을 겁니다. 자본주의적 마인드입니다. 하지만 북한은 워낙 어렵게 살았던 세월이 길어서 이런 방식이 과연 통할 수 있을지 모르겠습니다. 1990년대 고난의 행군 때 북한은 "가는 길 험난해도 웃으며 가자", "오늘을 위한 오늘을 살지 말고 내일을 위한 오늘을 살자"라는 구호를 내세웠습니다. 어렵게 살고 있는 사람들에게는 이런 문구 하나가 그 시기를 버텨낼 수 있게 해주는 원동력이 됩니다. 북한은 이렇게 버틴 국가입니다.

2000년대 이후에는 북한의 핵실험과 미사일 발사에 대한 대응으로 유엔안전보장이사회가 북한 제재 결의안을 만들었습니다. 이를 통해 압박하고 봉쇄하면 북한이 손들고 나올 줄 알았지만 아니었습니다. 오히려 북·중 간 국경 지역의 경제 상황도 수년 전보다 좋아지고 있고, 외부에 보여주기 위한 곳이긴 하지만 평양 시내도 활기가 있어 보인다고 하지 않습니까.

북한의 응답은 핵실험

북한은 'NCND'(neither confirm nor deny), 즉 자신들의 핵 능력에 대해 확인도 부인도 하지 않고 있습니다. 자신들의 핵 능력이 외부에서 과대평가되고 있는 것을 알면서도 그걸 즐기는 측면이 있는 것이죠. 북한의 협상력을 높여줄 수 있기 때문입니다. 그런 차원에서 미국의 대북 압박이 커지면 북한이 자위력을 강화하고 미국에 자신들이 죽지 않았다는 것을 보여주기 위해서라도 핵실험을 할 가능성이 있습니다.

물론 북한의 핵실험이 미국의 대북 압박을 더 강화시키는 결과로 연결되고, 이것이 미·중 간 힘겨루기에서도 미국 쪽에 유리한 결과를 가져올 수 있다는 것을 북한도 알고 있을 겁니다. 하지만 북한도 국내정치를 해야 할 필요가 있습니다. 인민들에게 "미국이 우리를 건드리면 저들도 죽는다고 우리가 말하지 않았느냐."라며 "핵실험에 성공했다, 소형화에 근접했다, 미사일에 실어서 미국 본토를 공격할 수 있는 날이 멀지 않았다."라고 말해줄 필요가 있습니다.

이렇게 되면 북중 관계가 지금보다 더 불편해질 수 있습니다. 중국은 자국에 대한 미국의 견제가 심해지는 것을 우려해 일관되게 북한의 핵실험을 반대했습니다. 그런데 현재 중국이 북한에 넉넉하게 도움을 주는 것도 아니기 때문에, 북한 입장에서는 중국과 관계보다는 국내정치적으로 인민들에게 자신감을 키워준다는 측면과 미국에 북한을 건드리면 상황이 더 복잡하고 어려워질 수 있다는 메시지를 보낸다는 차원에서 핵실험을 감행할 수 있습니다.

질문 북한은 2015년 1월 9일(현지 시각) 미국에 핵실험 유예와 한미 군사훈련 중단을 맞바꾸자는 식의 제의를 했습니다. 이후 16일(현지시각) 현학봉 주영국 북한대사가 이례적으로 언론 인터뷰를 통해 이를 받아들이라고 촉구했습니다. 하지만 오바마 대통령은 북한 붕괴를 언급했습니다. 이런 과정 속에서 북한이 '더 이상 미국의 유화적 태도를 기대하기 어렵다'고 판단했을까요?

북한의 제안은 핵실험을 위한 명분 쌓기로 봐야 합니다. 북한도 한미 군사훈련을 중단할 수 없다는 것을 잘 알고 있습니다. 만약 북한 국방위원회에서 이 두 가지 사안을 맞바꿀 수 있다고 판단한 사람이 있었다면, 제가 김정은이라고 해도 그렇게 판단한 실무자를 그냥 그 자리에 두지는 않았을 겁니다.

북한의 제안은 '우리는 한반도 긴장 완화를 위해 최선을 다했다'는 명분을 쌓기 위함입니다. 미국이 콧방귀도 뀌지 않을 것이라는 점을 알고 있기 때문입니다. 미국 입장에서 군사훈련은 일종의 '신무기 이동 박람회'입니다. 세계 최대 무기 수출국인 미국이 이런 이벤트를 중단하려고 하겠습니까? 북한이 바보가 아닌 이상 이것을 모를 리는 없습니다.

질문 그렇다면 한미 연합군사훈련이 정말 대북 방위에 필요한 것인지 의심이 됩니다. 전 세계적으로 가장 큰 규모의 훈련이라는 평가도 있는데요.

한미 연합군사훈련이라는 것이 이순신 장군의 칼을 들고 도마 위의 무를 자르는 것과 비슷합니다. 무를 자르려면 식칼 정도면 되는데 말이죠. 한미 연합군사훈련은 북한의 대남 도발을 견제하기 위한 활동이 아닙니다. 대중 봉쇄용이고 무기 시장의 기능도 가지고 있습니다.

미국과 일본의

‘신밀월시대’

2015년 4월 말, 아베 신조 일본 총리가 미국을 방문한 이후 미국과 일본이 '신밀월시대'에 접어들었다는 평가가 나왔다. 미일 동맹이 새로운 차원으로 격상됐다는 진단이었다. 서로의 이해관계가 맞아떨어진 결과였다. 미국은 중국을 견제하기를 원하고 일본은 군사 대국화를 꿈꾼다. 미국은 중국 견제의 대리인 격으로 일본의 군사력이 필요하고, 일본은 이런 미국의 입장을 이용해 '자위대'가 아닌 정상적인 '군대'를 보유하려 한다. 이해관계가 만나는 출발점이 바로 새로운 '미일방위협력지침'이었다.

앞으로 동북아에서 미·중, 중·일 간 세력 다툼이 심해졌을 때 한국이 어떻게 대응할지를 고민해야 한다는 지적이 나왔다. 갈등이 커지는 동북아에서, 우리가 어떻게 '조정자' 역할을 할 것인지에 대한 전략이 필요하다는 조언이다. 2015 0507

미국과 일본, 미국과 한국

미일 동맹이 한미 동맹보다 더 가까워지고 강화되는 것 같으니까 여기에 안달이 나서 우리가 소외됐다는 이야기가 주류를 이루는데, 비판의 지점이 잘못됐습니다. 처음부터 한미 동맹은 미일 동맹과 같은 수준이 아닙니다. 한미 동맹과 미일 동맹을 동급으로 취급하려고 한다면 그건 국제정치 현실을 몰라도 너무 모르는 겁니다.

일본은 미국이 동아시아 전략을 추진해나가는 데 있어 조력자 이상의 힘과 위상을 가지고 있는 국가입니다. 한국은 역사로 보나 국력으로 보나 절대 일본과 같은 위상을 점할 수 없습니다. 그런데도 미일 동맹이 강화되는 것처럼 보이니 한미 동맹 강화하자? 단언컨대 어리석은 주장입니다.

미일 동맹 수준으로 한미 동맹을 강화하려고 애쓰다보면, 뱁새가 황새 쫓아가려다가 가랑이 찢어지는 상황이 생길 수 있습니다. 일단 일본과 우리의 국력 차이가 결코 작지 않습니다. 경제력만 볼까요? 일본이 비록 중국에 밀려 G2에서 G3로 떨어지긴 했지만, 국제통화기금(IMF)이 2014년 기준으로 평가한 국내총생산(GDP)은 4조 7,600억 달러 정도입니다. 한국은 약 1조 4,500억 달러 정도이죠. 단순 비교로만 3배 정도 차이가 납니다.

역사적으로 보더라도 일본과 한국은 상당히 다른 길을 걸어왔습니다. 일본은 기본적으로 해양 국가였습니다. 일찍부터 전 세계를 누비며 군사 활동을 벌여왔죠. 서양 문물을 빠르게 받아들여 군사력을 키우던

와중에, 1905년 미국과 가쓰라-태프트 밀약을 체결했습니다. 이 밀약으로 미국은 필리핀을, 일본은 조선을 통치한다고 상호 승인합니다. 그때 이미 동등한 자격으로 태평양을 나눈 것이죠. 결국 이 밀약이 을사조약까지 이어지는 국제정치적 환경을 만든 것입니다.

20세기 초부터 일본은 미국과 어깨를 겨루는 국가였습니다. 심지어 1940년대 초반에는 미국과 전쟁까지 치렀습니다. 그리고 70년 만에 양국은 다시 '갈라 먹는 게임'을 시작합니다. 1905년부터 계산해보면 110년 만에 미국과 일본이 태평양을 나눠 가지려는 속셈을 다시 드러낸 셈이죠. 미국은 한때 나란히 어깨를 겨루기도 했고, 한때 적대 관계이기도 했던 일본을 기회가 있을 때마다 자기편으로 만들려고 합니다.

물론 미국이 일본에 뒤통수를 맞을 수도 있습니다. 미국은 중국을 견제하기 위해 일본을 키워주는, 즉 '이이제이'식으로 일본을 활용하려고 합니다. 하지만 이것이 오히려 일본에게 날개를 달아주는 '양호후환'(養虎後患, 호랑이를 키워 화를 당한다는 뜻)이 될 수도 있습니다. 그렇다고 해도 미국 입장에서는 일본에 비해 한국이 왜소해 보일 수밖에 없습니다.

객관적인 상황이 이러함에도 한국 내의 동맹 지상주의자들은 한미동맹을 미일 동맹과 비교하면서 초라해졌다고 한탄합니다. 뭘 제대로 알고서 말하는 것인지 모르겠습니다. 최소한 미국이 한국을 일본과 같은 상대로 취급하지 않는다는 배경 정도는 알고 있어야, 동맹 강화든 현상 유지든 똑바로 요구할 수 있는 것 아닙니까?

2014년 한·미·일 3국이 '북한 핵과 미사일 위협에 관한 한·미·일 군사정보공유 약정'을 체결하면서 정보를 공유하게 되다 보니 행동도

신밀월시대의 오바마와 아베

일본을 통해 중국을 견제하려는 미국의 속내는 '보통국가'가 되길 원하는 일본의 욕망과 맞아떨어졌다. 결국 2016년 3월 29일, 일본 안보법이 발효됨에 따라 자위대는 '보통군대', 일본은 '보통국가'가 되었다.

함께해야 하는 틀 속에 들어가 있긴 합니다. 하지만 이것 역시 미일 동맹 관계를 강화하기 위해 한국을 하위 파트너로 끌어들인 것에 불과합니다.

한국전쟁 이후 계속 미국에 의존하고, 한미 동맹이 마치 우리의 운명인 것처럼 생각하고, 미국과의 관계가 조금만 밀리면 나라가 망한 것처럼 생각하는 것 자체가 문제입니다. 윤병세 외교부 장관은 한미 동맹은 더 이상 좋을 수가 없다고 말했습니다. 달리 보면 더 이상 한미 동맹을 격상시킬 수 없다는 뜻일 수 있습니다. 현실적으로 최대치라는 것이죠.

물론 지금보다 한미 동맹의 위상을 끌어올릴 수 있는 방법이 있긴 합니다. 미국과 동맹을 강화한다는 것은 곧 미국의 무기를 많이 사주는 것과 직결되기 때문에 돈을 많이 쓰면 됩니다. 이명박 전 대통령이 미국 대통령 전용 별장인 캠프 데이비드에 가서 골프 카트 운전까지 하면서 역대 한국 대통령 중에 최초였느니, 최상의 대접을 받았느니 했는데 그때 돈이 엄청 들어가지 않았습니까? 당시 이명박 정부는 한미 정상회담에서 미국으로부터 '더욱 확장된 억제'(extended & extended deterrence)를 보장받았다고 강조했습니다. 하지만 정확히 이야기하면 미국의 무기를 구매할 수 있는 '자격'이 올라간 것입니다. 2015년 국방예산이 37조 5,000억 원 정도였습니다. 전체 예산의 15% 수준입니다. 여기서 한미 동맹을 더 강화하려면, 대체 국방비로 얼마를 더 써야 할까요?

국제정치는 속된 말로 돈 놓고 돈 먹기입니다. 한미주둔군지위협정(SOFA)을 볼까요? 미국은 자국 군대가 나가 있는 지역의 국가들과 소파를 맺습니다. 그런데 소파의 대표적인 쟁점 중 하나가 주둔군 범죄에 관한 영사재판권 문제입니다. 우리는 이 권한이 없습니다. 독일에는 이

권한이 있는데, 이러한 차이가 나는 이유는 결국 돈 문제입니다. 미군의 주둔비를 얼마나 내느냐에 따라 달라지는 측면이 있는 겁니다. 한국은 미군 주둔비의 50% 정도를 부담합니다. 독일은 80% 정도 부담하죠. 이런 조건에서 독일처럼 협정이 이루어지지 않았다고 하면, 속된 말로 세상물정을 모르는 소리입니다.

동맹의 레벨보다 중요한 것은 한반도의 평화와 안정

질문 **실제 눈여겨봐야 할 문제는 미일 동맹 강화가 한반도 평화나 안정에 어떤 영향을 미칠 것인지를 따져보는 것 아닐까요? 베이징대학교 진징이(**金景一**) 교수가 칼럼을 통해 '19세기 이래 동북아의 모든 전쟁은 한반도에서 일어났기 때문에 한반도의 평화와 안정을 위해 무엇을 해야 할지에 대해 생각해야 할 때'라고 주장했는데, 정치권과 언론을 비롯해서 우리 사회의 소위 지도층이라고 불리는 인사들에게는 이런 정도의 고민이나 성찰도 없어 보입니다.**

맞는 말씀입니다. 청일전쟁, 러일전쟁, 한국전쟁 모두 한반도에서 일어났습니다. 그리고 21세기에도 한반도 문제로 미국과 중국이 충돌할 가능성이 높습니다. 미국과 일본은 새로운 방위협력지침 개정으로 군사협력 관계를 세계적인 차원으로 끌어올렸는데, 그 목표가 일단 중국 견제입니다. 중국 대 미·일 구도로 전선이 형성됐는데, 한반도가 이 사이에 끼어 있습니다.

물론 한반도 외에 양측이 충돌할 가능성이 높은 지점이 있긴 합니다. 중국과 일본이 분쟁을 벌이고 있는 센카쿠 열도입니다. 미국은 이번 지침 개정을 통해 센카쿠에서 충돌이 벌어질 경우 일본을 도와주겠다고 대놓고 공언했습니다. 그래서 이곳에서의 충돌이 국지전으로 발전할 가능성도 있습니다.

하지만 센카쿠와 한반도는 다릅니다. 만약 서해에서 한미 연합군사훈련을 할 때 미군의 후방을 지원한다는 명목으로 일본이 참여하게 되면 한국 외교는 정말 어려워집니다. 만일 한미 동맹을 미일 동맹처럼 격상시키면, 우리도 중국을 상대로 전쟁을 해야 합니다. 센카쿠 열도 문제가 생겼을 때는 함께 움직여 일본 편을 들어야겠죠. 그런데 중국과 밀접한 관계를 맺고 있는 우리가 이렇게 움직일 수 있을까요?

지금 고민해야 할 것은 미국과 일본 관계가 우리와 미국 관계보다 가까워졌다는 것이 아닙니다. 중국과 미국 사이에, 중국과 일본 사이에 분쟁이 일어날 가능성이 높아지는 상황에서 어떻게 대처할 것인지를 생각해야 합니다. 미일 동맹 강화로 한국만 고립되는 것 아니냐는 국회의원들의 질타에 윤병세 외교부 장관이 "역사적으로 미일 동맹이 강화되는 경우에 한반도 주변에서 분쟁이 많이 일어났습니다. 극동의 화약고라고 불리는 한반도에서 어떻게 평화를 유지할 수 있는지 외교적 전략을 검토하고 있습니다."라고 답변했다면 어땠을까 싶습니다.

외교부든 청와대 외교·안보 책임자들이든 큰 틀에서 우리 외교가 어디로 흘러가고 있느냐에 대한 문제의식을 가지고 분석했다면, 외교적 고립이라는 이야기가 나올 때 제대로 대응할 수 있었을 겁니다. '외교적 고립이라는 규정은 지금 상황과 맞지 않고, 우리에게 제기되는 외교적 난제는 무엇이며 어떤 복잡한 문제가 일어날 것이 예상되니 그에 맞는 대비책을 세워야 한다'고 대답할 수 있었을 겁니다.

언론이나 국회의원들의 대정부 질문에도 문제가 있는 건 마찬가지입니다. 미일 동맹이 그야말로 '욱일승천'하듯이 밀려들고 있는데, 그 이후에 한반도 상황을 어떻게 관리할 것인지를 물어보는 것이 맞겠지요. 그러면 외교적 고립이라는 말 자체가 성립할 수 없는 것 아닙니까.

그리고 이 상황이 왜 외교적 고립입니까? 한국이 미국으로부터 단교를 당했습니까? 한국에 있는 외국 대사들이 한국을 떠나겠다고 합니까? 고립이라고 규정할 만한 정확한 징조도 없는데, 한국이 일본에 비해 미국으로부터 대접을 제대로 못 받는다고 해서 고립이라고 판단하는 시각 자체가 문제입니다.

오히려 지금은 우리가 한반도의 지정학적 위치를 충분히 고려하지 않은 채, 일방적으로 한미 동맹만을 중시해온 것은 아닌지 반성해야 할 때입니다. 그리고 이런 고민 속에서 언론이나 국회의원들은 한미 안보 동맹과 한중 경제 동맹 사이에서 균형을 잡거나 양립시킬 수 있는 지혜가 무엇이냐고 외교부 장관에게 물었어야 합니다.

이미 2015년 5월 말에 싱가포르에서 열리는 '아시아안전보장회의'(샹그릴라 대화)에서 일본이 우리 측에 한일 상호 간 군수지원협정 체결을 요구할 것이라는 보도가 나왔습니다. 한·미·일 군사정보공유약정을 체결했기 때문에 군수물자를 공유하고 공급하는 협조 관계를 발전시켜나가자고 하면, 우리는 거절할 명분이 별로 없습니다. 이미 상당히 많이 끌려 들어온 겁니다. 미일 동맹에 대한 견제 심리 때문에 말입니다.

만약 이런 식으로 한·일, 한·미·일 사이의 군사적 협력까지 격상된다면, 앞으로 우리의 대(對)중국 외교는 더욱 어려워집니다. 이미 한·미·일 군사동맹에 깊이 들어왔습니다. 여기서 미국의 요구대로 더 들어가면 한국 외교부는 존재할 필요가 없습니다. 우리 판단 없이 미국이 시키는 대로 하면, 주한미국대사관의 지침대로만 움직이면 됩니다.

군사적 협력 부분만큼은 일정한 거리를 둬야 합니다. 박근혜 대통령이 평소에 잘 쓰는 방식을 여기에 적용해야 합니다. 시간을 끌면서 상대방에게 진정성을 요구하는 한편, '유체이탈' 화법을 쓰는 겁니다.

답은 다시 남북 관계

남북 관계 개선은 그 자체가 목적은 아닙니다. 외교적 발언권을 행할 수 있는 여력이 생기니까 남북 관계를 개선하자는 겁니다. 일부에서는 남북 관계를 개선하자고 하면 '또 퍼주기냐'고 나올지도 모르겠습니다. 하지만 남북 관계 개선은 '퍼주기'고, 미·일이 한통속으로 중국을 견제하는 데 끼지 못하면 '고립'이라는 근시안적인 안목으로는 지금의 어려운 상황을 헤쳐나가기 힘듭니다.

우리 외교가 명맥을 유지하고, 한반도에서 또다시 전쟁이 일어나는 빌미를 제공하지 않기 위해서는 서둘러 남북 관계를 개선해야 합니다. 이를 위해서는 우선 전단(傳單) 문제의 해결이 필요합니다.

미국에서 북한인권법이 제정된 이후 미국 인권단체의 재정 지원을 받는 탈북자단체들이 북한 체제의 잔학상, 김정은의 포악성을 비난하는 내용의 전단을 풍선에 매달아 북쪽으로 띄워 보내고 있습니다. 북한은 남북 관계 개선을 위해서는 이러한 전단 살포를 중지시키라고 요구하는 데 반해, 남한 정부는 국민의 '표현의 자유'를 억압할 수 없다고 일축하고 있습니다. 전단 문제는 남북 대화 재개의 사실상의 전제 조건처럼 되어버렸습니다.

북한의 대남사이트인 〈우리민족끼리〉는 2015년 5월 5일 전단 문제와 한미 연합군사훈련 중단, 5·24조치 해제 등을 먼저 실시해야 이산가족상봉을 할 수 있다고 밝혔습니다. 홍용표 통일부 장관이 납북자 가족들을 만나면서 북한에 "천륜을 어겼다."라고 했는데, 이에 대한 반발 메시지입니다.

물론 북한이 요구하는 대로 당장 한미 연합군사훈련을 그만둘 수는 없습니다. 북한의 군사적 도발 의지를 사전에 억제하기 위해서라도 적정 수준의 훈련은 지속할 필요가 있습니다. 훈련을 아예 하지 않으면 나중에 상황이 더 복잡해집니다. 하지만 전단 문제는 다릅니다. 의지가 있다면 해결할 수 있는 문제입니다. '표현의 자유'만큼이나 중요한 '국민의 안전'이 위협받고 있는데, 대통령이 언급한 '표현의 자유' 한마디에 얽매여 이대로 전단 문제에 수수방관하는 것은 대통령부터 통일부 장관까지 모두 직무유기를 하고 있는 것 아닐까요?

생존을 해야 자유나 행복도 누릴 수 있습니다. 죽느냐 사느냐의 문제가 표현의 자유보다 덜 중요한 것입니까? 북쪽에서 날아오는 총알에 맞아 연천군 주민이 사망하는 비극적인 상황이 발생하면, 희생자에게 표현의 자유와 당신의 목숨을 바꾼 거라고 설명할 수 있을까요? 이런 안타까운 상황이 오기 전에 빠르게 결단을 내려야 합니다. 남북 당국 간 고위급접촉을 시작해야 합니다.

한미 연합군사훈련 문제도 조정할 필요가 있습니다. 박근혜 정부가 막 집권했던 2013년, 그해 봄에 미국은 필요 이상의 고강도 무기를 훈련에 투입했습니다. B-2, B-52 등 핵 폭격기가 서해에 진출했습니다. 중국과 러시아가 놀랄 정도였습니다. 북한은 어땠을까요? 미국과 적대적인 데다가 군사력도 한참 뒤쳐진 북한은 놀라 자빠질 지경이었을 겁니다. 이듬해 2014년 훈련도 크게 달라지지 않았습니다. 북한이 연합군사훈련에 반발하는 이유입니다. 결국 이 문제가 남북 관계 개선의 조건처럼 되어버렸습니다. 이제는 북한에 당국 간 협상을 통해 훈련에 대해 설명해야 합니다. 이전에 미국과도 협의를 해야 합니다. '북한에 적당히 겁만 주는 수준으로 하자, 기절초풍할 정도로 할 필요가 있느냐'는 식으로 설득하는 과정이 필요합니다.

물론 한미 연합군사훈련의 축소가 미국의 동북아 전략에 맞지 않을 수 있습니다. 미국 입장에서는 센카쿠 열도로 미·일과 중국이 대립할 때 한국이 자신들의 편에 서주기를 바랄 것입니다. 그러려면 명분이 필요한데, 북한이 좋은 핑곗거리가 될 수 있습니다. 연합군사훈련을 강화하면 북한은 여기에 반발할 것이고 한국이 이에 대응할 수밖에 없는 상황을 만들어놓으면, 한국이 결국 미일 동맹의 한 날개로 들어올 것이라는 구상을 할 수 있습니다. 실제로 이렇게 된다면 우리의 외교적 입지는 상당히 좁아집니다. 이 전략에 말려들지 않기 위해서는 남북 관계를 개선해야 하고, 그러기 위해서 북한과 직·간접적인 의사소통을 해야 합니다.

7

붙들린 남한 :

안보는 미국 손에,
경제는 중국 손에

2014년 7월, 시진핑 중국 국가주석이 한국을 찾았다. 시진핑은 정상회담에서 한국에 두 가지 숙제를 던졌다. 하나는 중국 주도의 AIIB(아시아인프라투자은행)에 가입하라는 것, 그리고 CICA(아시아 교류 및 신뢰구축회의)에 적극적으로 참여하라는 것.
결국 중국은 AIIB를 통해 자국 중심의 아시아 경제질서에 들어오라는 신호를 보내고, CICA를 통해 중국 중심의 아시아 국제정치 및 안보질서에 함께하자는 메시지를 전달한 셈이다.
안보는 미국에, 경제는 중국에 의존하고 있는 한국의 현실을 고려했을 때 중국의 요청을 모두 들어주기도, 그렇다고 모두 뿌리치기도 쉽지 않은 형국이었다. 답을 내기 힘든 문제를 받아 든 박근혜 정부는 어떤 선택을 해야 했을까. 2014 0714

황재옥 〉〉 2014년 7월 시진핑의 방한 목적은 중국의 대미, 대일 전략 차원에서 분석해야 한다고 봅니다. 시진핑 주석이 북한보다 한국을 먼저 방문한 것은 한·미·일 관계가 중국을 압박하는 방향으로 강화되는 것을 막기 위함이겠죠. '반미 한중 통일전선'까지는 아니더라도 한·일 간 역사 문제 등을 활용해서, 한국 국민들의 정서에 호소하면 최소한 '반일 한중 통일전선'은 구축할 수 있다는 기대감에 한국을 찾은 것이라고 봅니다. 북한에는 중국이 다른 차원에서 반대급부를 줄 가능성도 있다고 봅니다.

정세현 〉〉 저도 비슷한 생각입니다. 미·중 대결이 심화되면서 미국의 중국 포위전략이 점점 노골화되었습니다. 이런 상황에서 시 주석은 한국을 중국 편으로 끌어들이거나, 최소한 한·미·일 삼각동맹에서 떼어내기 위해 한국을 찾았다고 봅니다.

《중앙일보》 박보균 논설위원이 2014년 7월 10일 칼럼을 통해 시진핑 방한을 두고 '신조선책략'을 보는 것 같다고 했습니다. 저도 동의합니다.《조선책략》은 19세기 말 청나라 외교관인 황준헌이 쓴 책입니다. 러시아의 진출을 막기 위해 조선은 중국과 친해져야 한다는 내용이죠. 시진핑의 한국 방문도 이와 유사한 메시지를 담고 있습니다. 역사 문제를 매개로 한국과 중국이 손을 잡고 일본을 견제하자, 나아가 중국을 압박하는 미국 편에 있지 말고 '중국과 함께하자'는 메시지를 던진 것입니다.

시진핑 주석은 일본 우경화에 공동 대처하자는 메시지를 던졌습니다. 하지만 그 안에는 일본의 우경화를 밀어주고 집단적 자위권까지 인정하면서 중국을 압박하는 미국의 힘을 약화시키자는 내용이 은연중에 담겨 있습니다.

양국은 회담을 통해 '성숙한 전략적 협력 동반자 관계'가 됐다고 했습니다. 중국이 이 용어를 쓸 때는 한국을 확실하게 중국의 편으로 만들어서, 일본처럼 미국의 대중 포위전략에 하수인으로 끌려들어가지 않도록 만들어야겠다는 계산이 있었다고 봅니다.

시진핑이 던진 두 가지 숙제, AIIB와 CICA

정세현 〉〉 일단 중국이 공식적으로 가입을 제안한 AIIB 문제가 우리로서는 참으로 곤혹스러운 사안이 될 것 같습니다. AIIB는 미국이 주도하는 기존의 ADB(아시아개발은행)에 대응하기 위해 만드는 것입니다. 미국의 아시아 지역 금융패권에 대한 도전의 성격이죠. 따라서 AIIB는 겉으로는 경제 문제처럼 보이지만, 사실은 정치적인 문제입니다. 미국의 금융패권에 도전하는 중국에 한국이 참여하라는 요청이죠. 이를 받느냐 받지 않느냐는 매우 중요한 문제입니다. 실제로 미국은 사실상 반대 의사를 우리 쪽에 밝히지 않았습니까.

또한 중국은 2014년 6월 CICA(아시아 교류 및 신뢰구축회의)에도 적극적으로 참여하라는 메시지를 보냈습니다. CICA는 아시아의 안보를 아시아 국가끼리 해결하자는 것 아닙니까. 아시아 지역안보 문제에서 미국은 손을 떼라는 의미를 내포하고 있습니다. 한국에 CICA에 참여하라고 요청하는 것은 미국과의 안보 관계 약화를 요구하는 것이나 다름없습니다. 중국은 결국 AIIB를 통해 한국에, 중국 중심의 아시아 경제질서로 들어오라는 신호를 보낸 것이고, CICA를 통해 중국 중심의 아시아 국제정치 및 안보질서에 들어오라는 메시지를 보낸 것입니다.

결국 2014년 7월 한중 정상회담을 통해 시진핑 주석은 한국에 이 두 가지 과제를 던지고 간 것입니다. 중국 중심의 아시아 경제질서와 지역 안보질서에 한국의 참여를 요청한 것이죠. 우리 정부가 앞으로 굉장히 곤란한 입장이 될 것입니다.

원화와 위안화 직거래 문제도 다루어졌는데 이 역시 간단하지 않습니다. 미국과 중국은 위안화 절상 문제로 계속 실랑이를 벌였습니다. 이런 상황에서 한국이 직거래를 시작하면 중국에 대한 미국의 압박이 우리한테까지 전달될 수 있습니다. 원화와 위안화의 직거래로 한국이 경제적 이득을 보는 측면도 있지만, 미·중 간 경제 갈등의 파급효과 또한 미칠 수 있는 것이죠.

황재옥 〉〉 양국은 한중FTA를 2014년 안에 마무리하자고 합의했습니다. 예정대로 타결되면 한국은 중국의 내수시장으로 좀더 많이 진출할 수 있습니다(한중FTA는 2014년 11월 타결, 2015년 12월 공식 발효되었다). 수년 동안 한국의 연간 GDP 성장률이 3% 정도 올라갈 것이라는 예측도 있습니다. 정부가 2014년 경제성장률을 3% 중·후반대로 잡았는데, 여기에 3%가 더해지면 6% 후반대의 성장률을 기록할 수 있습니다. 경제적으로 도움이 될 수 있죠. 하지만 공산품 팔려다가 저가의 농산물이 쏟아져 들어오기 시작하는 문제도 생각해야 합니다.

그리고 한중FTA가 타결되면 한국 경제의 중국 의존도가 더욱 심화된다는 문제도 있습니다. 2013년 중국과의 교역액은 미국, 일본과의 교역액을 합친 것보다도 많습니다. 한국과 중국의 교역액이 2,300억 달러인데, 미국과는 1,100억 달러, 일본과는 950억 달러입니다. 심지어 한국은 대중 무역에서 600억 달러의 흑자를 봤습니다. 이런 상황에서 한중FTA까지 타결된다면 한국 경제의 대중국 의존도는 더욱 커질 것이고, 이렇게 되면 중국이 결정적인 순간에 교역을 무기로 한국에 엄청난 압력을 행사할 가능성이 있습니다.

붙들린 남한, 미국과 중국 사이에서의 균형

질문 **2014년 7월 1일 일본이 해석개헌을 통해 집단적 자위권 행사를 본격적으로 추진하고 나섰습니다. 같은 날 한·미·일 3국의 합참의장이 하와이에 모여 안보 문제를 논의했습니다. 세 나라 합참의장의 회동은 사상 처음 있는 일이죠. 또 한·미·일 군사정보공유 양해각서 체결도 추진되었습니다. 이러한 정황들을 봤을 때, 한·미·일 삼각 군사동맹은 사실상 이미 완성된 것 아니냐는 지적까지 나왔습니다. 한국은 미국과 중국 사이에서 균형을 취해야 한다고 말하고는 있지만, 실제 가고 있는 방향은 한·미·일 동맹의 강화인 것 같습니다.**

정세현 〉〉 박근혜 대통령이 2013년 6월 미국과 중국 사이에서 균형을 잡겠다면서 중국을 방문했습니다. 좋은 취지였지만 돌아가는 상황을 보면, 말만 그렇게 하고 행동은 한·미·일 군사동맹이 더 강해지는 방향으로 가고 있는 듯합니다. 노골적으로 말하면 미일 군사동맹에 한일 군사동맹까지 추진되면서, 한국이 일본의 하위 체계로 들어가는 것 같습니다.

한국의 외교안보가 어떤 방향으로 나아갈 것인지를 조율해주는 곳이 국가안보실입니다. 그런데 국가안보실에 문제가 좀 있는 것 같습니다. 우리의 안보 상황을 동북아라는, 너무 좁은 지역에 한정하고 있다는 느낌을 지울 수 없습니다.

한국의 국가안보는 미국과 직접적으로 연결되어 있습니다. 따라서 미국이 이라크나 아프가니스탄, 유럽 등의 문제에 얼마나 개입하고 있고, 어느 정도 역량을 쏟고 있는지 알아야 합니다. 그래야 미국의 대외안보 역량 중에서 우리가 미국과 얼마나 협조할 수 있으며, 따라서 중국과는 어느 정도 협력을 할 수 있는지 계산할 수 있기 때문입니다.

그런데 지금은 정치적·전략적 판단은 미국에 의존하면서, 한국은 주로 군사적 판단만 하는 것 같습니다. 머리는 미국 것을 빌리고 우리는 팔다리만 쓰는 격이라고나 할까요. 군사적인 판단에서도 한계가 보입니다. 예를 들어 과학장비에만 의존하고 '대증요법'만 쓰는 것이죠. 위성사진 판독해서 문제 있는 곳에만 집중하는, 이른바 대증요법으로만 접근하고 있습니다. 국가안보는 총체적이고 구조적인 시각에서 접근해야 합니다. 전체적인 체력이 어느 정도이고, 어디가 나빠서 이런 증상이 나타났다는 식의 한의학적인 접근이 필요합니다. 서양 의학이라면 외과적 접근이 아니라 내과적 접근이 필요하다는 겁니다.

미국과 협조하면서도 우리 독자적으로 판단해 전략을 수립하고, 그

연장선상에서 우리 역할과 위상도 찾아야 합니다. 그런데 머리를 미국에만 의존하고 있으니 '말 따로 실제 행동 따로' 움직이는 형국이 되었습니다. 저는 한미 동맹을 깨라고 말하고 있는 게 아닙니다. 일본과 군사정보공유까지 하면서, 일본 밑으로 들어갈 필요가 있느냐는 것이죠. 그렇게까지 해서 한국 경제에 큰 영향력을 행사할 수 있는 중국과의 관계를 결과적으로 불편하게 만들면 어떻게 하느냐는 문제제기를 하는 겁니다. 일본의 집단적 자위권을 인정하고 지원하는 미국에게 쓴소리 한번 안 하면서, 무슨 재주로 미국과 중국 사이에서 균형을 취하겠다는 건지 알 수가 없습니다. 빈말이 아니라 정말 걱정됩니다. 외교에서는 자기 나라 입장에서 이해득실을 따지고 호불호를 결정해야 합니다.

질문 미·중 간 갈등은 더욱 심화될 것으로 보입니다. 안보는 미국에, 경제는 중국에 의존하고 있는 한국은 어떤 입장을 취해야 할까요? 장기적으로 안보를 유지하면서 한반도 평화를 지향해 나갈 수 있는 전략에 대한 고민도 필요해 보입니다.

황재옥 〉〉 한반도를 둘러싼 4대 강국은 결국 자신들의 국익 추구에 매진합니다. 한국도 국익이 무엇인지를 직시해야 할 전환의 시기이죠. 시진핑 주석은 2014년 7월 방한에서 AIIB 가입 요구를 비롯해 한국에 곤란한 과제를 여러 개 주고 갔는데, 이 과제들을 지속적으로 풀어나가는 것을 기회로 삼아야 합니다.

우리의 국익은 국민의 행복과 안전, 한반도의 평화와 안정, 나아가 통일입니다. 좀더 큰 그림을 볼 수 있어야 동북아 평화와 안정에 기여

할 수 있는 역할도 찾을 수 있겠죠. 그런데 국익을 달성할 것인지, 손 놓고 있을 것인지는 이미 답이 나와 있습니다.

우리에게 미국과 동맹 관계는 아주 기본적인 것입니다. 그리고 중국과 동반자 관계도 중요합니다. 이를 가장 절묘하게 조합하는 것이 시 주석이 던진 과제를 국익으로 전환할 수 있는 방법입니다. 한국은 미·중 간 협조가 불가피한 틈새를 파고 들어가, 양자의 협조를 촉진시키는 '촉진자'(facilitator)가 되어야 합니다. 이를 통해 동북아 평화를 조성하는 역할을 담당해야 합니다.

미국과 중국은 동아시아의 패권과 지배권을 놓고 경합을 벌이고 있지만, 양국이 모든 분야에서 갈등 관계에 있는 것은 아닙니다. 속셈은 다를지언정 북핵 문제를 해결해야 한다는 원칙적인 입장은 동일합니다. 따라서 북핵 문제를 중심으로 미·중이 대화하고 협조할 수 있도록 상황을 만들어나가야 합니다.

물론 기존의 동맹인 미국에 우리의 행보를 잘 설명할 필요가 있습니다. 한국이 중국과 가까워지더라도 미국과 적대하려는 것이 아니며, 동북아 평화를 위한 것이라는 점을 미국에 진정성 있게 설명하고 납득시켜야 합니다. 미국과 중국으로부터 싫은 소리를 듣더라도 국익을 관철하기 위해서는 끈질기게 미·중을 설득하는 외교적 노력도 필요합니다.

정세현 〉〉 쉽게 이야기하면 이쪽 편도, 저쪽 편도 아닌 외교를 할 수 있어야 합니다. 우리가 미·중 간의 촉진자 역할을 할 필요가 있지만, 더불어 북·미 간에도 대화가 가능하도록 촉진시켜야 합니다. 과거에 우리가 미국과 북한 사이에서 촉진자 역할을 해 2005년 9·19공동성명

합의를 이끌어냈던 성공 사례도 있습니다.

우리가 미국 편에 서서 확실하게 미국과 같은 목소리를 낸다면, 혹은 중국 편에 서서 중국의 목소리를 낸다면 동북아 평화가 흔들립니다. 반대로 어느 한 쪽에 확실히 서지 않은 상태에서 약간의 거리를 두고 '촉진자'나 '중재자' 역할을 한다면 한반도 평화를 기대할 수 있을 겁니다. '중국이 떠오르고 있다, 경제 문제가 중요하다.'라고 하면서 중국이 섭섭할 일을 하는 것은 어리석은 일이죠. 마찬가지로 미국이 섭섭할 정도로 중국에 가까워지는 것도 비현실적이고 어리석은 일입니다.

북에 대한 무지

8

북한이 두려워하는 것 : 체제통일

3차 핵실험으로 반년 동안 멈추었던 개성공단이 재가동되고, 남과 북이 추석 계기 이산가족상봉에 합의하면서 남·북 사이의 긴장은 다소 완화되는 양상을 보였다. 그러나 북한이 이산가족상봉을 나흘 앞두고 돌연 상봉 연기를 선언하면서 남북 관계에는 다시 먹구름이 드리웠다.
이후 경색된 남북 관계는 좀처럼 풀릴 기미를 보이지 않았고, 남과 북은 상호 비방전을 이어갔다. 특히 북한은 하루가 멀다 하고 박근혜 대통령을 비롯해 남한의 대북정책에 대한 비난을 쏟아냈다.
이 가운데 북한 조선로동당 기관지 《로동신문》은 연방제통일이 가장 공명정대한 통일방안이라고 강조하는 글을 발표했다. 남한 정부가 흡수통일을 시도하려는 조짐을 보이자, 이를 사전에 방지하기 위해 연방제를 언급한 것이 아니냐는 분석이 나왔다. 2013 1014

북한의 두려움, 체제통일

2013년 10월 11일 북한이 연방제통일 방안을 다시 들고 나왔습니다. 표면적으로는 33년 전, 1980년 10월 10일 조선로동당 7차 당대회에서 내놓았던 《고려민주련방공화국 창립방안》 발표를 기념하는 글입니다. 하지만 내용은 박근혜 정부가 '체제통일'을 추구하고 있다는 전제 아래 북한의 입장을 드러낸 글이라고 할 수 있습니다. 이런 입장 표명은 앞으로도 자주 되풀이될 가능성이 있습니다.

북한이 이런 얘기를 하게 된 계기는 우리 쪽에서 만들었다고 할 수 있습니다. 2013년, 박근혜 대통령은 APEC(아시아태평양경제협력체) 회의에 참석했습니다. 그리고 다른 나라 정상과 회담을 할 때마다 '북한의 변화를 설득해달라'고 부탁했습니다. 중국에 북한의 변화를 설득해달라고 주문한 지는 오래 되었고, 심지어 인도네시아 정상에게도 그런 부탁을 했습니다. 어떻게 보면 조금 난데없는 주문이라는 생각이 듭니다.

지구상에서 남의 말을 가장 잘 안 듣는 나라가 북한 아닙니까? 가장 가까운 이웃이고 여러 가지로 도움도 많이 받는 중국말도 잘 안 듣는데, 하물며 인도네시아에 무슨 볼일이 있다고 그 사람들 말을 듣겠습니까? 결국 박근혜 대통령의 행동은 북한으로 하여금 박근혜 정부의 대북정책이 북한의 변화를 촉진시켜서 남한 주도의 체제통일을 하려는 것이라고 생각하게 만든 것 같습니다. 바꿔 말해서 박근혜 정부가 대북정책으로 표방한 '한반도 신뢰프로세스'가 좋은 말로 포장된 남한 주도의 체제통일이라 규정하고 그에 대한 나름의 반박 혹은 대안으로 연방제통일을 주장하고 나온 것으로 보입니다.

2013년 8월 21일 통일부 장관이 '한반도 신뢰프로세스'를 공식적으로 상세하게 설명한 내용을 듣고, 정부의 설명대로라면 이 정책이 햇볕정책 1.0까지는 아니어도 0.9 혹은 0.8 정도의 수준까지는 될 것이라 생각했습니다. 정책논리나 표현 등을 보면 그 정도는 되는 것 같았어요. 그런데 이후 실제 행동이 펼쳐지는 과정에서, 정책의 대상 혹은 객체라고 할 수 있는 북한이 심하게 반발할 수 있는 발언이 이어졌습니다. 북한은 이를 정면으로 거부하게 되었습니다. 이런 상황이 되면 앞으로 '한반도 신뢰프로세스'는 대상이 없는 정책이 될 가능성이 큽니다.

박근혜 정부가 북한 당국과 직접 만날 기회는 별로 없었습니다. 하지만 기회 있을 때마다 성명이나 정책 백그라운드 브리핑 같은 방식으로 우리의 진정성을 북한에 전달했더라면 어땠을까요? 그런데 진정성을 전달하는 대신 다른 나라 정상들을 붙잡고 '북한의 변화를 설득해달라, 변화를 유도해달라.'라고 했으니, 의심 많고 자존심 강한 북한이 반발하는 것은 정해진 순서였다고 봅니다. 북한 체질이 원래 그래요.

엄격하게 말하면 통일은 체제까지 통일이 되어야 완성됩니다. 체제통일은 안 되고 연방까지만 해야 한다고 하는 북한이 틀린 것이죠. 한반도는 영토가 좁고 다민족국가도 아닙니다. 우리나라는 중국과 홍콩처럼 1국 2체제를 실행할 정도의 규모가 아닙니다. 남과 북은 다른 문화전통을 갖고 있는 것도 아니죠. 미국처럼 다인종, 다문화전통 때문에 연방을 해야 할 필요도 없습니다. 궁극적으로는 1민족 1국가 1체제 1정부로 가는 것이 우리 형편과 필요에 맞습니다.

한반도 통일의 목표와 방향은 분명히 1민족 1국가 1체제 1정부로 설정되어야 하지만, 그건 임기가 5년밖에 안 되는 남한 정부가 임기 내에 달성할 수 있는 것은 아닙니다. 1민족 1국가 1체제 1정부로 갈 수 있는 정책을 임기 동안 조용히, 그리고 북한의 반발을 자초하지 않는 슬기를 발휘하면서 추진해나가면 되는 겁니다. 그런데 상대방의 체제를 변화시켜야 한다는 이야기부터 꺼낸 겁니다. 그건 속셈으로만 갖고 있어야 하는 것입니다. 북한의 체제 변화는 가랑비에 옷 젖는 줄 모르는 식으로 일어나도록 해야 합니다. 그렇게 시작된 변화가 어느 날 갑자기 호랑이 등에 올라탔기 때문에 중간에 내릴 수 없는 기호지세(騎虎之勢)의 형국으로 전폭적으로 자연스럽게 이어지는 것이죠.

체제 변화라고 하는 것은 제3자가 권고한다고 되는 것이 아닙니다. 북한 체제를 변화시키고자 한다면, 우선 북한이 개혁개방으로 나가도 체제에 위협 요소가 없다는 판단을 하게끔 여건을 만들어줘야 합니다. 북한의 체제를 국제적으로 인정하고, 과거 정치·군사적으로 적대적이었던 나라들도 북한에 안보상의 위해를 가하지 않을 것이라는 판단이 서고, 그런 보장을 해주어야 북한은 개방개혁을 할 겁니다. 중국과 베트남의 개혁개방 모두, 그러한 국제정치적 여건이 조성된 후에 시작됐습니다. 특히 미국과의 관계 정상화가 중요합니다.

개혁개방의 여건

북한이 개혁개방을 할 수 있는 여건을 만들기 위해서는 미국과 수교가 필요합니다. 또 미국이 북한을 군사적으로 공격하지 않겠다는 보장이 담긴 평화협정도 필요합니다. 이 두 가지가 선행되지 않고서는 북한의 개혁개방은 기대할 수 없습니다. 변화는 개혁개방의 연장선상에서 일어납니다. 여건도 조성되지 않았는데, 제3국에 북한이 변화하도록 설득해달라고 부탁하는 것은 우물에서 숭늉을 찾는 격입니다.

경제적 차원에서도 개방개혁으로 나갈 수 있는 여건을 만들어주어야 합니다. 가난한 나라가 개혁개방을 할 때는 경제를 좋게 하기 위해서입니다. 중국은 개혁개방을 할 때 내부 자원이 풍부했습니다. 북한은 경우가 다릅니다. 외부 투자가 들어오지 않으면 개혁개방이 무의미해집니다. 북한에 투자가 들어오려면 아시아개발은행(ADB)이나 세계은행(IBRD)의 최대 지분을 갖고 있는 미국과 관계 개선이 중요합니다. ADB나 IBRD에서 차관이 들어가려면 미국이 허용을 해야 합니다.

이런저런 여건이 마련되지 않은 상태에서 북한에 '개혁개방해라, 변화해라' 말하는 것이 무슨 의미가 있겠습니까. 북한 체제의 특성, 북한 체제가 안고 있는 고민이 무엇인가에 대한 생각 없이 그냥 하는 말입니다. 이는 '통일정책'이라기보다는 통일 문제와 관련된 대국민정책입니다. 국민을 향해 홍보하는 정책에 불과한 것이죠. 상대인 북한이 전혀 호응할 수 없는 내용으로 대통령을 비롯해서 정부 고위 당국자들의 발언이 계속 나온다면, 북한은 더 방어적으로 대응할 수밖에 없을 겁니다.

중국의 개혁개방을 살펴보지요. 1972년 2월 초 미국의 닉슨 대통령이 중국을 다녀갔습니다. 이후 미·중 양국은 1979년 1월 수교했습니다. 중국은 미국과 수교 전 7년 동안의 준비 과정을 거쳤습니다. 그리고 정식 수교 직전인 1978년 12월에 '4개 현대화 방침'이라는 것을 당의 공식

노선으로 채택하면서 개혁개방에 들어갔습니다. 중국도 미국과 수교가 되고, 또 미국이 중국을 군사적으로 공격하지 않을 것이라는 것을 확인한 연후에야 개혁개방을 추진할 수 있었던 것입니다.

베트남은 미국과 전쟁을 했던 나라입니다. 한국전쟁 못지않게 처절한 전쟁을 6~7년 하지 않았습니까? 따라서 베트남도 미국이 언제 군사적으로 공격해올지 모른다는 불안감에 살고 있었습니다. 경제를 발전시켜야 할 필요가 있었지만, 개방했을 때 친미 서방 국가들이 베트남에 투자하는 것에 대해 미국이 용인할지 보장되지 않은 상태에서는 개혁개방에 나설 수 없었습니다.

베트남은 1986년 도이모이(쇄신)라는 이름으로 개혁개방정책을 시작했습니다. 아직 미·베트남 간 공식 수교는 되지 않은 상태였고 양국의 수교는 비록 1995년에 이루어졌지만 이미 미국의 베트남정책이 우호적으로 바뀐 상황에서, 즉 미국이 베트남을 공격할 것 같지 않은 상황에서 베트남의 개혁개방이 이루어진 것입니다.

북한도 마찬가지입니다. 한때 군사적으로 적대적이었고, 지금도 정전협정으로 인해 사실상 적대 관계에 있는 미국이 군사적 공격을 하지 않을 것이라는 전망이 가능할까요? 또 수교가 이루어질 희망도 없는 상황에서 북한에 개혁개방을 하라고 할 수 있을까요? 아무리 선의의 충고라고 할지라도 북한으로서는 받아들일 수 없는 충고입니다. 하물며 제3국으로부터 변화나 개혁개방의 권고를 받아서 북한이 변화한다는 것은 불가능합니다. 그래서 북한이 박근혜 대통령의 주문이나 발언들을 두고 '이것은 우리 체제를 빠른 시간 내에 변화시켜서 어떻게 강제로 흡수하려고 하는 것 아니냐'는 식으로 받아들이게 된 것입니다.

연방제통일은 고정값이 아니다

북한이 체제통일의 대안으로 연방제통일을 강조한 것은 요즘 북한 주민들의 체제에 대한 불만이 높아지고 있기 때문이 아닌가 싶습니다. 한류는 중국을 통해서 북한에 들어갑니다. 남한 체제에 대한 북한 주민들의 동경이나 호기심이 늘어나는 것이 당연하겠죠. 평양 중심으로 보자면 김정은 시대 북한의 경제 형편이 김정일 시대보다는 나아진 것으로 보입니다. 물론 변두리 사정도 약간은 나아졌다고 합니다. 2012년 북·중 국경 답사 과정에서 강 건너 바라보았던 북한 마을 풍경은 이전보다 좋아진 것이 분명했습니다. 하지만 사람 마음이 '말 타면 견마 잡히고 싶다'고 하지요. 북한 내부적으로 경제 여건 개선에 대한 요구가 점점 더 높아지고 있는 것 같습니다. 김정은 정권이 받는 부담이 클 겁니다. 주민들의 요구를 다 들어줄 수 있는 형편은 아니니까요.

경제 발전이나 개선에 대한 주민들의 요구가 높아지다 보면, 주민들을 중심으로 남쪽에 대한 동경이나 선망이 커질 수 있습니다. 이것이 북한 체제가 안고 있는 고민이라고 봅니다. 따라서 북한에서는 '남쪽 체제에 흡수되는 통일 꿈꾸지 마라, 우리끼리 잘 살아야 한다.'라는 이야기를 할 수밖에 없는데, 그 대안이 연방제통일입니다.

연방제통일론이 처음 나온 것은 1960년 8월 14일, 해방 15주년 경축사 형식이었습니다. 당시는 북한의 경제력이 남한보다 우월할 때였습니다. 당시 남한의 1인당 국민소득이 87달러, 북한이 148달러였습니다. 인구는 남한이 2천만 명이었고 북한이 1천만 명 정도였기 때문에

GDP(국내총생산) 총액은 남한이 더 많았지만, 1인당 국민소득에서는 북한이 약 1.7배 정도 앞섰으니 상대적으로 윤택했다고 볼 수 있습니다. 북한은 남한보다 우위에 있는 경제력을 무기로 남한을 정치적으로 흡수통일할 수 있다고 생각했고, 이렇게 해서 나온 것이 연방제통일론입니다. 남한이 북한을 앞설 만큼 잘 살게 된 것은 1970년대 중반인데 이때까지 북한은 연방제통일론에 미련을 버리지 못했습니다. 북한이 당시에 쥐고 있던 연방제통일론은 분명히 공산화 통일방안이었습니다.

1980년대 초반에 들어서면서 한국 내부의 정치 정세는 매우 혼란스러웠습니다. 광주민주화운동이 발생하면서 신군부에 대한 국민들의 저항이 거세지는 한편, 영·호남의 갈등도 심화되었습니다. 북한은 남한을 분열시킬 수 있고, 분열된 한쪽과 손을 잡으면 북한 주도의 통일이 가능할 수 있겠다는 계산을 했다고 봅니다. 이것이 북한의 전통적인 '2대 1' 전략입니다. 1980년 10월 10일 '고려민주련방공화국 창립방안'을 내놓았는데, 여기서 2개의 사상과 제도의 차이를 용납하고 그 토대 위에 공존하면 된다고 했습니다. 그러면서 연방국가의 10대 과제를 열거했는데, 대부분 통일이 된 후에나 할 수 있는 것들이었습니다.

핵심은 '고려민주련방공화국 창립방안'을 실현하기 위한 5대 선결조건인데, 국가보안법 철폐, 반공정책 포기, 주한미군 철수, 반공법 철폐, 민주인사의 집권이었습니다. 여기서 말하는 민주인사는 자유민주주의가 아니라 인민민주주의를 실현할 수 있는 인사라는 뜻이었습니다. 즉 용공 혹은 연공할 수 있는 인사가 집권을 해야만 연방제를 할 수 있다는 조건이지요. 그런데 이러한 선결 조건이 다 이루어지면 굳이 연방제를 할 필요가 뭐가 있습니까? 북한의 진짜 전략은 여기 있었던 것입니다. 그렇기 때문에 1980년에 내놓은 창립방안은 외형은 사상과 제도를 그대로 두자고 하면서 투 코리아로 가는 것처럼 보였지만, 실질적으로는 통합된 공산주의 1체제 1국가 1정부를 상정한 것입니다. 그런 점에서 이것 역시 공산화 통일방안으로 봐야 합니다.

그런데 북한 경제는 1980년대에 국제정세의 변화로 휘청거리게 됩니다. 중국이 1970년대 말 개혁개방으로 접어들기 시작하면서 북한에 대한 원조를 줄였습니다. 또 1980년대 중반부터는 소련도 개혁개방 노선을 취하면서 원조를 줄였습니다. 1980년대 북한 경제는 '제로 성장' 상태가 됩니다. 북한이 1960년대 한국보다 잘살고 1970년대에도 그럭저럭 한국과 어깨를 견줄 수 있었던 것은 외부 원조가 많이 들어왔기 때문입니다. 북한이 스스로 자립경제라고 말하지만, 실질적으로는 대외의존성이 심했습니다. 결국 남·북 간 체제 경쟁은 사실상 1980년대에 끝난 것으로 봐야 합니다. 한국은 이미 1980년대 두 자리 숫자의 성장률을 기록하면서 고속 성장 중이었으니까요.

1980년대 말에는 동구권이 완전히 해체됩니다. 소련도 무너졌고, 혈맹이었던 중국은 이제는 경제논리에 따라 북한과 거래하려는 나라가 되었습니다. 북한은 이미 남한과 경제 격차가 많이 벌어진 상태에서 '공산혁명기지' 역할을 할 수 없게 되었습니다. 남쪽은 경제 발전을 거치면서 체제 만족도가 높아지게 되었고, 이른바 '남조선 내부의 혁명역량 강화'도 기대할 수 없게 되었죠. 여기에 탈냉전시대가 되면서 '국제 혁명 역량과의 연대 강화'도 기대할 수 없게 됩니다. 공산화 통일이 물 건너가면서 북한은 결국 투 코리아를 지향할 수밖에 없게 됐습니다. 1989년 김일성 주석은 신년사에서 "이제 통일은 어느 누가 누구를 먹거나 먹히는 방식으로 해서는 안 된다."라는 표현을 씁니다. 흡수통일에 대한 우려를 직접적으로 표현하기 시작한 것이죠.

1989년 11월 9일 베를린장벽 붕괴, 1990년 10월 3일 동독의 흡수통일 이후 나온 1991년 신년사에는 "이제 련방제도 느슨한 형태로 가야 한다."라는 이야기가 나오는데, "느슨한 형태"라는 표현에 주목할 필요가 있습니다. 이는 새로운 표현으로, 북한이 1960년대, 1980년대에 언급했던 연방제는 느슨한 형태가 아니라 남·북을 묶어두는 긴밀한 연방제였습니다. 긴밀한 연방제를 주장하던 북한이 스스로 느슨한 형태로 풀어버린 것입니다. 이전의 연방제 방안을 남한이 덜컥 받기라도 하면, 오히려 북한이 먹힐 수 있겠다고 생각할 지경에 이른 것이죠. 따라서 느슨한 것으로 풀자는 말이 나온 것입니다. 이는 노태우 정부가 내놓았던 '남북연합'(국가연합) 개념을 사실상 받아들인 것입니다. 국가연합은 투 코리아를 전제로 해야 합니다. 그리고 이것이 2000년 김정일에 의해 '낮은 단계의 연방제'라는 표현으로 나옵니다.

연방의 내용은 이렇게 바뀌어갔지만, 북한은 연방이라는 단어를 계속 씁니다. 1960년대, 1980년대에도 나왔고 1991년에는 '느슨한 형태의 연방', 2000년 6·15공동선언 2항에 '낮은 단계의 연방제'로 나옵니다. 즉 연방이라는 단어는 계속 사용되지만, 그 내용은 시대와 국제정세 변화, 내부 역량, 남북 역량 차이에 따라 바뀌어가고 있습니다.

1991년 이후 지금까지 나오는 연방제는 공산화 통일이 아니라 투 코리아로 가겠다는 것입니다. 그래서 1991년 연말에 남북의 상호 체제 인정·존중, 내정불간섭 등을 골자로 하는 남북기본합의서가 채택되었던 것입니다. 또 통일 이후 '고려련방'이라는 이름으로 단일의석으로 유엔에 들어가야 한다고 주장했던 북한이 1991년 9월에 남한보다 먼저 유엔 가입 신청서를 냄으로써 유엔에 투 코리아를 기정사실화시켰습니다. 이것은 투 코리아를 국제적으로 공식화하자는 것입니다. 북한은 그때부터 '조선은 하나다'라는 표현도 잘 쓰지 않게 됩니다.

북한이 이번에 연방제통일을 이야기한 것은 위기의식에서 비롯된 것입니다. 박근혜 대통령이 외국 정상들에게 북한의 변화를 설득해달라고 했고, 남한 정부는 한반도 신뢰프로세스를 통해 북한의 변화를 촉진하겠다고 하니, 위기의식을 느낀 것이죠. 또 북한 경제가 조금 좋아지면서 인민들이 남한을 동경하게 된 상황을 막기 위한 선제조치일 수도 있습니다. 북한은 개성공단은 열어놨지만, 상당 기간 동안 긴장을 조성하면서 북한 주민들이 남한에 대한 환상을 품을 수 없도록 하려는 정책적 판단이나 설계가 있을 것입니다. 그 토대 위에서 연방제통일이 가장 공명정대하고 합리적이라는 말을 하게 된 것으로 보입니다.

연방제통일, 3년 내 무력통일, 종북몰이

남한 내부에서는 연방제통일이라고 하면 공산화 통일방안이라고 생각하는 사람들이 아직도 많은 것 같습니다. 2003년 노무현 정부 시절 연말에 예·결산 심의 회의가 열렸습니다. 당시 국회에서 일문일답식으로 질의할 때 이야기입니다. 야당의 모 중진 의원이 김대중 대통령이 김정일 위원장과 합의하고 온 6·15공동선언의 2항을 폐기해야 한다고 주장했습니다. 연방제에 동의했기 때문이라는 것이었습니다. 그래서 제가 연방이라는 것이 무조건 나쁜 것만은 아니라고 설명했습니다. 북한의 연방제가 1980년대까지만 해도 공산화 통일방안이었으니 우리가 받을 수 없었지만, 1990년대 이후에는 북한이 사실상 투 코리아로 가고 있고, 연방이라는 용어를 쓰고 있지만 실질적으로는 국가연합을 지향하고 있다고 봐야 한다고 답했습니다. 그랬더니 "길게 이야기하지 말고 간단하게 답해라, 연방이라는 것이 공산화 통일방안이지 별거냐."라고 말하더군요. 그래서 내용이 실질적으로 바뀌었을 뿐만 아니라 모든 연방제가 무조건 공산화 통일방안만은 아니며, 미국도 연방이고 스위스도 연방이라고 말했습니다. 그랬더니 그 의원이 삿대질을 하면서 "미국이 무슨 연방이냐?"라고 하더군요. 그래서 "미국도 연방이고, 서독도 통일 전에 연방이었고 통일 독일도 연방입니다. 연방이라고 해서 꼭 공산화되라는 법은 없습니다. 좋은 연방도 있고 나쁜 연방도 있는 겁니다."라고 답했더니, 옆에 있던 국회의원을 툭툭 건드리면서 저 말이 맞느냐고 물어보고는 나가버리더군요.

10년 전 이맘 때 중진 국회의원이 연방제는 무조건 공산화 통일방안으로 알고 있었던 어처구니없는 해프닝이었습니다. 종북몰이가 시대적 추세가 되어버린 상황, 다시 한 번 반북 정서를 조성하는 움직임 속에서 10년 전의 이 해프닝이 반복되어 일어날까 우려스럽습니다. 따라서 북한이 말하는 연방제통일의 개념에 대해 정확하게 알아야 합니다. 지금 북한에서 말하는 연방은 사상과 제도를 그대로 둬야 한다는 1960년대, 1980년대의 내용과 함의가 다릅니다.

최근 출처와 시기도 밝혀지지 않은 상태에서 북한의 김정은이 "3년 내 무력통일하겠다."라고 말했다는 보도가 있었습니다. 이 발언이 언제 어떤 계기로 나오게 된 것인지 분명하다면, 정보로서 가치가 있을 겁니다. 물론 이에 대해 철저히 대비해야겠지요. 하지만 검증되는 과정을 거치지 않고 언론에 무분별하게 대서특필되었습니다. 그러면 "상당히 일리 있다. 저 사람들 요즘 하는 것 보니까 그럴 수 있겠다."라면서 출처 불명의 '3년 내 무력 통일론'과 '연방제통일론'이 연계되고, 다시 한 층 더 강한 반북 정서가 조성될 여지가 있습니다.

이런 상황에서는 야당의 역할이 중요합니다. 이런 사항들을 국내정치에 악용하지 말라고 선제적으로 치고 나가야 합니다. '3년 내 무력통일론'과 '연방제통일론'을 연계해서 여당이나 집권 세력이 반북몰이 혹은 종북몰이를 할 수도 있기 때문입니다. 더구나 현 정부에 대한 지지도가 떨어지거나 답보 상태가 계속되다 보면, 현 집권 세력으로서는 기존 지지층을 규합하고 끌어안고 갈 수 있는 방법을 찾게 됩니다. 이럴 때 가장 손쉽게 쓸 수 있는 것이 반북 정서를 조성해서 남·북 긴장을 고조시키고 보수층의 결집을 이루어내는 것입니다. 아쉽게도 야당이 이런 데에 관심도, 식견도 없는 것 같습니다. 하지만 이런 식으로 남북 관계를 국내정치에 활용하면 남북 관계는 더 깊은 수렁에 빠질 수밖에 없다는 점을 각별히 유념해야 합니다.

6

북한의 자존심

박근혜 대통령은 2014년 3월, 옛 동독 지역인 드레스덴에서 남·북 간 인도적인 문제 해결과 민생 인프라 구축, 교류 활성화 등을 북한에 제안했다. 이후 박근혜 대통령은 대통령 직속 통일준비위원회 첫 회의를 주재하는 자리에서 드레스덴선언의 구체적인 이행 계획을 만들어달라고 주문했다.

그러나 북한은 드레스덴선언 직후 조선로동당 기관지인 《로동신문》을 통해 "겉으로는 미소를 띄우면서 속에는 독을 품고 우리를 해치려고 발광하고 있다."라고 맹비난했다. 이후에도 북한은 드레스덴선언을 두고 '제도통일', '흡수통일'용 이라며 강하게 거부했다.

북한이 이처럼 민감한 반응을 보이는 데는 여러 이유가 있다. 세계가 주목하는 공식적인 자리에서 이런 문제를 거론한 것을, 북한은 굉장히 불편하게 받아들였을 것이다. 드레스덴이라는 장소도 문제였다. 드레스덴은 동서독 통일 과정에서 흡수통일을 상징하는 도시였다. 2014 0814

드레스덴선언과 북한의 자존심

황재옥〉〉 저는 드레스덴선언의 몇 군데 표현들이 북한의 자존심을 심하게 건드렸기 때문에 북한이 선언을 처음부터 반대하고 나왔다고 봅니다. 박근혜 대통령은 당시 △이산가족상봉 정례화를 포함한 인도적 문제 해결 △남북 공동 번영을 위한 민생 인프라 구축 및 경제협력 강화 △남북 동질성 회복을 위한 교류 활성화 등을 제안했습니다.

그런데 박근혜 대통령은 이런 내용을 말하기 전에 북한의 경제난 속에 부모를 잃은 아이들이 거리에 방치되어 있는 것을 보고 가슴이 아팠다고 했고, 지금 이 시각에도 자유와 행복을 위해 목숨을 걸고 국경을 넘는 탈북자들이 있다고 말했습니다. 세계가 주목하는 공식적인 자리에서 이런 문제를 거론한 것에 북한이 굉장히 불편했을 것입니다.

장소에도 문제가 있다고 봅니다. 드레스덴은 동서독 통일과정의 흡수통일을 상징하는 도시입니다. 그런 곳에서 박근혜 대통령이 대북정책을 발표한 것은 북한으로 하여금 남한이 북한을 흡수통일하려는 생각이 있다는 의구심을 들게 하기에 충분합니다.

내용적인 측면에서도 북한이 받아들이기 어려운 측면이 있습니다. 박근혜 대통령은 당시 선언에서 북한 농업의 부진, 산림의 황폐화를 지적하고 북한 지역의 농업, 축산, 산림을 남·북이 함께 개발하는 '복합농촌단지'를 조성하자고 했습니다. 그런데 이러한 내용은 북한 입장에서 보면 북한의 농촌 개발과 산림 녹화를 남한이 주도하겠다는 것으로 비쳐질 수 있습니다. 좀더 나가보면, 김일성의 '주체 농법'을 버리고 박정희 식의 '새마을 운동'을 받아들이라는 의미로 북한이 해석할 수도 있는 부분입니다.

정세현〉〉 베를린장벽이 무너진 뒤에 당시 서독의 콜 총리는 드레스덴에서 앞으로 동독 사람들에게 무엇을 해줄 것인지 발표했습니다. 이것이 내용상으로는 흡수통일과 다를 바 없는 것이었습니다. 동독이 붕괴된 상황에서 콜 총리가 그런 이야기를 했던 자리가 드레스덴인데, 박근혜 대통령이 그 자리에서 북한에 제안한 내용 또한 북한에는 흡수통일로 비쳐질 수 있습니다.

갈등 관계를 개선했던 성공 사례를 보면, 미리 상대방에게 귀띔을 해주는 것이 중요합니다. 박근혜 대통령이 그 정도 중요한 내용을 발표할 것 같았으면, 사전에 판문점 연락관이나 북한의 해외공관 등의 통로를 통해 미리 북한에 알려주는 조치가 필요했습니다. 그랬으면 북한이 우리 쪽의 진정성을 의심하지는 않았을 겁니다.

황재옥〉〉 통일 준비의 선행조치로서 남북 대화나 소통이 된 다음에 드레스덴선언의 이행 방안이 나와야 하는데, 순서가 잘못됐다고 봅니다. 저는 드레스덴선언이 북한의 자존심을 건드린 대목을 제외하면 내용에서는 남과 북 사이의 교착된 상황을 풀 수도 있을 수준이라고 생각합니다. 하지만 드레스덴선언을 발표하는 과정이라든가, 통일준비위원회 첫 회의에서부터 야당 정책위원장의 건의에도 불구하고 정부 측에서 5·24조치 완화, 금강산 관광 재개에 대해 부정적인 입장을 내비친 것들이 걸립니다. 오히려 드레스덴선언 이행 방안보다 드레스덴선언을 북

드레스덴의 상징

1989년 헬무트 콜 서독 총리가 연설했던 드레스덴 프라우엔키르헤(성모교회) 폐허 앞 광장.
베를린장벽 붕괴 직후인 12월 19일, 콜 총리는 드레스덴을 방문하여
'독일 통일'이 목표라고 선언하였다.

한에 이해시키기 위한 선행조치가 필요한 상황이었습니다.

정세현〉〉 일단 박근혜 정부의 통일정책에 대한 북한의 경계심은 우리가 생각하는 것보다 높다는 것을 알아야 합니다. 1998년 햇볕정책을 추진했을 당시 상황을 되돌아보는 것이 좋을 것 같습니다. 북한은 햇볕정책을 '뒤집어놓은 흡수통일 전략'이라고 비난하면서 반발했습니다.

1998년 4월 11일부터 18일까지 베이징에서 남북 비료회담이 열릴 때 북측 수석대표가 저한테 진지하게 묻더군요. "햇볕정책의 본심이 뭐요?" 그래서 제가 우리가 북측을 먼저 돕고, 그 과정에서 북측이 우리를 신뢰하면, 그때 북측에서도 우리한테 잘해주면 된다고 답했습니다.

대표적인 것이 이산가족상봉입니다. 저는 북측 대표에게 가을에 추석 계기 이산가족상봉을 약속하면, 내일이라도 당장 비료를 보내줄 수 있다고 얘기했습니다. 그랬더니 북측 관계자가 "어떻게 남측이 먼저 우리한테 잘해줄 수 있느냐."라면서 이해가 안 된다고 하더군요. 또 이 관계자는 "우리를 녹여먹으려는 정책이겠지."라고도 말했습니다. 햇볕정책을 흡수통일전략으로 의심했던 것입니다.

남북 비료회담이 끝난 이후 우리는, 정부가 먼저 나서서 햇볕정책의 진정성을 이야기하는 것이 북한에 먹히지 않는다고 생각했습니다. 그래서 민간 차원의 교류협력을 활성화시켜서 북한으로 하여금 '남측이 진짜 우리(북측)한테 잘해주려고 하는구나.'라고 느끼게 해주자고 결론 내렸습니다.

정부는 당시 민간인 방북 승인 조건을 대폭 완화시키고, 민간기업의 대북 투자 상한선을 풀었습니다. 또 다음과 같은 원칙을 세웠습니다.

'선민후관'(先民後官), 민간이 먼저 들어가고 정부는 나중에 들어간다, 민간을 통해 우리의 진정성을 이해시키자. '선경후정'(先經後政), 경제적인 혜택으로 실질적인 도움을 주고 정치 이야기는 그 다음에 하자. '선공후득'(先供後得), 먼저 북한에 주고 나중에 받아온다는 것이었습니다.

이렇게 해도 2년이 지나고 나서야 정상회담이 성사됐습니다. 그리고 북한은 정상회담 자리에서 햇볕정책의 진정성을 김대중 대통령으로부터 직접 듣고 나서 남쪽의 페이스대로 따라와줬습니다.

박근혜 정부도 드레스덴선언이 정말 북한에 도움이 되는데 북한이 오해를 하고 있다는 식으로 '말'부터 앞세울 것이 아니라, 시간을 두고 민간 차원의 인도적 지원을 활성화시키는 것부터 움직여야 했습니다. 그렇게 움직여가면 정부에서 긴 설명을 하지 않더라도 드레스덴선언이 정말 남·북 간에 잘해보자는 것이고, 북한의 자존심을 건드리지 않고 도와주려는 것이라고 이해하게 되었을 것입니다. 그렇게 이해한 시점부터 드레스덴선언의 후속 조치를 이행할 수 있었겠죠. 정부는 너무 성급했습니다. 마치 애는 생기지도 않았는데, 돌잔치 준비하고, 중학교 교복까지 사놓는 셈입니다.

우리는 북한이 햇볕정책을 의심할 때 이렇게 말했습니다. 남북 관계를 지금까지와는 완전히 다른 패러다임으로 발전시키려고 하는데, 국민들을 이해시키기 위해서는 햇볕과 나그네 사례를 가지고 설명할 수밖에 없었다고 말입니다.

패러다임이 완전히 달라진 새로운 대북정책에 대한 국민들의 동의를 얻는 것, 특히 반북 정서를 가진 사람들을 이해시킬 필요 때문에 그런 비유를 할 수밖에 없었다고 설명했습니다. 북한에 이 정도 메시지를 미리 전해주고 움직였더라면, 드레스덴선언이 초장부터 거부당하지는 않았을 겁니다.

드레스덴선언 이후 통일정책, 순서의 문제

정세현〉〉 너무 일찍 통일준비위원회의 깃발을 들었습니다. 통일준비위원회는 대북정책을 잘해서 남북 관계가 상당한 수준으로 진전된 이후에, 남과 북이 함께 만들어야 하는 기구입니다. 순서가 완전히 잘못되었죠. 남한에서 우리끼리만 통일에 대한 청사진을 다 만들어놓고, 북한 보고 받으라고 하면 그게 잘 되겠습니까?

그럼에도 통일준비위원회가 역할을 하려면 남북 관계부터 개선하는 데 역할을 해야 합니다. 통일준비위원회가 드레스덴선언의 후속 조치를 연구할 것이 아니라, 남북 교류 활성화를 위한 선행 조치를 연구하고 실행해야 합니다. 대북 지원 민간단체들과 함께 움직이면서 그 사람들과 함께 북한에 드레스덴선언을 이해시켜갔다면 좋았겠죠.

통일준비위원회를 보면서 1971년에 만들어진 통일고문회의가 생각났습니다. 당시 이 회의체에는 야당 인사는 물론이고 정부에 비판적인 종교 지도자들도 포함되었습니다. 또 박정희 정부의 대북정책 등 여러 문제에 대해 비판적인 사설을 쓰던 언론인들도 상당수 있었습니다. 아쉽게도 당시 박정희 대통령이 이 기구를 만든 이유는 회의장에서만 이야기하고 밖에서는 이야기하지 말라는 뜻이었습니다. 그러면서 역할이 사실상 유명무실해졌습니다.

황재옥〉〉 통일정책은 남북 관계가 상당히 좋아진 이후에 쓸 수 있는 정책입니다. 바꿔 말하면 통일의 청사진이나 드레스덴선언 이전에 이에 대한 선행 조치로서 남북 관계 개선이 필요합니다. 그러니까 통일준비위원회가 통일의 청사진을 만들기보다는 통일부 중심으로 대북정책을 잘하는 게 먼저입니다. 그런데 박근혜 정부 들어서는 대북정책은 없고 통일정책만 있는 상황입니다. 현 정부는 북핵 문제와 남북 문제를 연계시켜놓고 있어요. 북핵 문제는 6자회담을 통해 해결하고, 남북 교류는 통일부든 민간단체든 지속해야 할 필요가 있습니다.

정세현〉〉 북핵 문제는 6자회담 방식으로 풀어야 합니다. 남북 관계는 양자 문제죠. 두 가지가 전혀 무관하진 않지만 그렇다고 북핵 문제가 풀릴 때까지 남북 관계를 그대로 정지시키는 것은 현명하지 못합니다. 병행해야 합니다.

과거 김대중, 노무현 정부 시절에는 병행 원칙이 있었습니다. 남북 대화는 남북 대화대로 하고, 6자회담은 6자회담대로 진행했습니다. 결과적으로 남북 관계가 잘되니까 6자회담에서 우리가 북한의 태도 변화를 끌어낼 수 있지 않았습니까?

그런데 지금은 이명박 정부 이후에 '선 북핵 문제 해결, 후 남북 관계 개선'이 굳어져버렸습니다. 드레스덴선언에서도 박근혜 대통령은 여러 제안을 했지만, 핵 문제가 해결되면 더 많이 해줄 수 있다는 식으로 언급하지 않았습니까? 이것은 북핵과 남북 관계가 연계 정도가 아니라

선후 관계로 설정된 것입니다. 이러한 기본 정책과 기조를 바꾸지 않는 한 남북 관계는 한 발짝도 나갈 수 없습니다.

이산가족상봉만 챙겨온 정부

질문 2014년 8월 11일 정부는 북한에 19일 2차 고위급 접촉을 갖자고 제안했습니다. 좋게 보면 대화를 하겠다는 의지로 볼 수도 있습니다. 한쪽에서는 5·24조치 해제와 금강산 관광 재개가 논의되는 것 아니냐는 희망 섞인 분석을 하기도 했습니다.

또 한편으로는 당시 프란치스코 교황 방문을 염두에 두고, 교황이 오기 전에 미리 제안한 것 아니냐는 관측도 있었습니다. 19일이 을지프리덤가디언훈련 시작 다음 날이라 북한이 과연 응할 것이냐는 회의론도 있었습니다. 정부 제안의 배경은 어디에 있다고 보십니까?

정세현〉〉 교황 방문을 의식해서 박근혜 대통령이 15일 경축사에 내놓을 이야기를 미리 했다는 것은 일리 있는 관측이라고 봅니다. 교황이 분명히 한국을 방문하면 남북 화해협력에 대해 이야기할 텐데, 그전에 우리가 먼저 제안을 하고 교황한테 '우리가 이렇게 제안했다'고 보여줄 수 있기 때문입니다.

회담 날짜가 을지프리덤가디언훈련 시작 다음 날인 19일었지요. 이 날짜를 북한이 받지 않을 가능성이 높고, 따라서 우리 정부가 북한이 받지 않을 것을 알면서 일부러 그 날짜로 제안했으니 진정성이 없다는 이야기가 있었습니다. 하지만 이것만으로 진정성을 문제 삼을 것은 없다고 봅니다. 왜냐하면 당시 제안에 북한이 날짜를 수정 제안해도 좋다는 단서를 붙였기 때문입니다. 그동안 남·북 간 회담에서 제안을 주고받은 선례를 보면, 우리가 제안하면 저쪽에서 수정 제의하는 경우가 많았고, 그 반대도 마찬가지였습니다.

더 중요한 것은 이명박 정부 때와 마찬가지로 박근혜 정부도 북한과 대화에서 이산가족상봉만 챙기고 끝났다는 것입니다. 이에 대한 반대급부를 북한에 주지 않은 것입니다. 정부는 이산가족상봉은 인도주의적 차원의 문제라 거래할 대상이 아니라고 합니다만 이것은 공허한 이야기입니다. 이산가족상봉 문제가 순수하게 인도적인 문제라면, 북한의 식량 문제 역시 중요한 인도적인 문제 아닙니까?

5·24조치가 풀리면 민간 차원의 인도적 대북 지원과 대규모 지원도 승인이 날 수 있습니다. 그래서 북한으로서는 5·24조치 해제가 대단히 중요합니다.

금강산 관광 재개 문제 역시 5·24조치와 무관하지 않습니다. 물론 금강산 관광 중단은 5·24조치보다 앞서서 발생한 일이지만, 관광을 재개하려면 5·24조치 해제와 연계해서 풀어야 합니다. 그런데 정부가 남북 접촉을 하자고 해놓고 인도주의 문제라는 명분으로 이산가족상봉만 받아내려 하고, 5·24와 금강산 관광 문제는 '경청했다'고만 해서는 남·북 간 현안이 풀리지 않을 겁니다.

우리는 이산가족상봉을 준비하는 데 별로 어려움이 없지만 북한은 다릅니다. 북한의 행정력과 교통편을 생각했을 때, 이산가족상봉은 북한에 부담스러운 사안입니다. 또 상봉에 나가는 사람들 옷과 체류 비용 등도 당국에서 다 지원해야 합니다. 적지 않은 돈이 들어가는 사안이라는 겁니다.

남한의
통일대박론

김정은 북한 국방위원회 제1위원장은 2014년 1월 1일 신년사를 통해 남북 관계 개선의 분위기를 만들어야 한다고 강조했다. 그런데 박근혜 대통령은 2014년 신년 기자회견에서 남북 관계 개선이 아닌, '통일대박론'을 들고 나왔다. 남북 관계의 별다른 진전이 없는 상황에서 나온 뜬금없는 통일 이야기였다. 여기에 남재준 당시 국정원장의 '2015년 자유민주주의 체제통일론'과 보수 언론의 '통일은 미래다' 캠페인까지 더해지면서 보수 진영을 중심으로 통일 담론이 터져 나오고 시작했다.

이에 이렇게 언급되는 통일은 남북 관계 개선을 통한 '점진적이고 평화적인' 통일이 아닌, 북한 붕괴를 기다리는 '흡수통일' 아니냐는 의구심이 제기되었다. 북한이 붕괴되면 남한이 북한을 접수할 수 있다는 구상이었다. 2014 0113

밑도 끝도 없는 '통일은 대박' 선언

통일이 대박인 것은 분명합니다. 저도 《정세현의 통일토크》에서 '통일은 남는 장사다'라고 쓴 적이 있습니다. 통일이 되면 한국이 인구나 경제 규모 면에서 영국, 프랑스 등과 어깨를 나란히 하는 국가가 될 수 있습니다. 그런데 대박을 가져오는 통일이 되려면 지금부터 남북 관계가 꾸준히 개선되고, 남과 북의 화해, 교류, 공존이 선행돼야 합니다. 통일은 그 이후의 문제입니다.

통일이 '대박'이 되려면 우선 남과 북의 민심부터 연결되어야 합니다. 북한 주민들이 '아, 남한 사람들이 우리들을 진정으로 도와주려는 마음이 있구나.'라고 느낄 수 있을 정도까지 이르러야겠지요. 남한 주민들도 북한이 대남 무력도발보다는 진정한 화해와 교류에 관심이 있다고 느껴야 합니다. 남과 북의 민심이 통하는 바탕 위에서만 북한 지역의 지하자원 개발, 남한의 첨단기술과 북한의 우수한 노동력이 결합된 제조업 개발, 사회간접자본 건설 등 경제적 교류와 통합이 시작될 수 있습니다. 경제적 통합이 시작되면 정치적 통일은 자연스럽게 이뤄진다고 봐야지요. 그런데 지금처럼 남북 관계가 꽉 막혀 있는 상황에서 난데없이 통일은 대박이라고 하면 국민들은 혼란스러울 수밖에 없습니다.

당시 박근혜 대통령이 '통일이 되면 우리가 지금보다 더 잘살 수 있다'는 메시지를 준 것은 잘한 일입니다. 분단이 70년 가까이 되면서, 통일을 포기한 사람도 있고 통일이 필요 없다고 생각하는 사람들도 많아졌습니다. 젊은 사람들 사이에서는 통일비용에 대한 부담 때문에 통일

불필요론도 나오고 있습니다. 특히 장성택 사건을 언론이 과도하게 보도하면서 국내적으로 대북 혐오증이 생기기도 했고, 국제적으로는 북한뿐 아니라 남한의 이미지도 나빠졌습니다. 외국에서 볼 때 노스코리아(North Korea)와 사우스코리아(South Korea)는 크게 구별되지 않습니다. 그저 코리안(Korean)들이 저희끼리 티격태격하는 것으로 알고 있죠. 그런데 이번에 보니까 '코리안들 무자비하고 야만적이구나, 잔인한 사람들이구나.' 하고 보지 않겠어요?

대북 혐오증이 반(反)통일론으로 확산될 조짐이 보이는 상황에서, 대통령도 임기 내내 남북 관계와 통일 문제 관련하여 아무것도 못하고 끝나는 거 아닌가 하는 조급함이 생겼을 수 있습니다. 한반도 신뢰프로세스, 동북아 평화협력 구상은 물론이고 유라시아 철도연결 구상도 힘들어진다고 예측되었겠죠. 국민들이 이런 사안들을 지지하지 않으니 불안감이 생겼을 수 있습니다.

하지만 밑도 끝도 없이 '통일은 대박'이라고 선언하는 것만으로는 부족합니다. 통일부가 나서서 '통일이 대박'이라는 대통령의 발언을 현실화시켜나갈 수 있는 로드맵을 구상하고 국민들에게 보여주고 설명해야 합니다. 한반도 신뢰프로세스, 동북아 평화협력 구상, 유라시아 철도연결 구상 등이 차근차근 이뤄져야 통일은 대박이고, 그러려면 남북 관계 개선부터 시작되어야 한다는 점을 국민들에게 설명하고 지지를 끌어내야 합니다.

질문 국정원장이 '2015년 자유민주주의 체제하의 통일'을 이야기했다는 보도가 있었습니다.

2015년 통일론은 북한 붕괴론 또는 흡수통일론과 표리 관계에 있습니다. 1994년 7월 김일성 주석 사망 이후 북한 붕괴론이 한국과 미국에서 크게 퍼지면서 대북정책에도 큰 영향을 미쳤습니다. 그때 상황이 20년 만에 재연된 것 같습니다. 당시 김일성 주석이 갑자기 사망하자 한국에서는 북한이 3년 이내에 망할 것이라는 예측이 큰 힘을 얻었습니다. 거의 정설처럼 굳어졌지요. 그러면서 북한 붕괴론과 흡수통일론, 통일비용론이 시대적 화두가 되었습니다. 그때는 대통령이 북한 붕괴론을 직접 거론했고, 파급력이 훨씬 강했습니다.

북핵 위기가 절정을 향해 치닫고 있던 1994년 6월, 당시 카터 전 미국 대통령의 중재로 마련된 김영삼 대통령과 김일성 주석의 남북 정상회담이 7월로 예정되어 있었습니다. 정상회담만 잘 성사된다면 북핵 문제 해결은 물론이고 남북 관계, 나아가 북미 관계 정상화의 실마리가 될 것이 기대되었죠. 그런데 정상회담을 불과 보름 남짓 앞두고 갑자기 김일성 주석이 사망했고, 남한에서는 이른바 '조문 파동'이 일어났습니다. 이부영 당시 국회의원이 국회에서 '북에 조문사절을 보내야 하는 것 아니냐'고 질문한 것을 두고 《조선일보》가 '한국전쟁 전범에게 무슨 조문이냐'며 강력한 비판을 냈습니다. 결과적으로 정부는 조문을 불허했습니다. 정부가 《조선일보》 편을 들어준 셈이지요.

한국은 조문 불허는 물론이고 조의도 표하지 않았지만, 당시 클린턴 미 행정부는 조의를 표했습니다. 그러자 북한이 김영삼 대통령과 남한 정부를 거칠게 비난하기 시작합니다. 그리고 이에 대해서 한국 쪽에서는 '북한은 곧 붕괴한다'는 식으로 대응했습니다. 김일성 없는 북한은 향후 3~5년 내에 망한다는 것이 당시 우리 정부 고위층의 판단이었습니다. 미국도 이 같은 한국 정부의 판단에 큰 영향을 받았습니다.

북한 조기 붕괴론은 엉뚱한 결과를 가져오기도 했습니다. 김일성 사망 3개월 후인 1994년 10월에 북핵 문제 해결을 위한 북미 제네바합의가 타결되었습니다. 그런데 타결의 배경에 북한 붕괴론도 한몫했다고 봅니다. 당시 미국은 북한이 핵 개발을 포기하는 대가로 '10년 내 경수로 건설'을 약속했습니다. 아마 '길어야 5년 안에 망할 나라에 10년 후 약속을 뭔들 못 해주겠나.'라고 생각했을 수도 있다는 것이죠. 그러면서 미국은 경수로 공사비의 70%를 한국에 떠넘겼습니다. 미국은 '북한이 곧 망한다면서? 그러면 경수로는 당신네 것 되는 거 아닌가? 그러니 미리 선투자하는 거라고 생각해.' 이런 논리로 한국에 바가지를 씌웠던 것입니다.

2013년 12월 장성택 처형 사건 이후, 북한 체제가 불안하다는 보도가 언론을 장식하는 가운데 남한 고위 당국자의 입에서 '2015년 자유민주주의 체제통일론'이 나온 것은 북한 붕괴를 전제로 한 것이라는 비판을 받을 수 있습니다. 그런데다가 남북 관계 개선의 첫 단추도 끼우지 못한 상황에서 갑자기 '통일대박론'이 나오고, 어떤 언론에서는 통일비용과 통일편익을 상세하게 분석해서 보도하면서 국민들은 북한 붕괴와 통일이 임박한 것으로 이해하는 상황이 연출되었습니다.

1994년과 2015년에 다른 점은 있습니다. 1994년 당시에는 통일이 경제적 이득이 된다기보다는 비용만 많이 든다는 것이 주요했습니다. 그런데 이번에는 통일비용도 들어가겠지만 통일편익이 더 크다는 점이 부각되고 있죠. 1994년 당시 통일편익은 계산하지 못하고 통일비용만 계산했던 것은, 독일 통일의 사례 때문이었습니다. 균형 잡히지 못했던 통일비용 계산은 통일부담론을 만들어냈고, 통일에 대한 기피증을 유발했습니다. 통일비용론이 결과적으로 분단이데올로기로 기능한 셈이지요. 그런 점에서 이번 박근혜 대통령의 통일대박론은 '초기에는 부담이 될 수 있어도 결과적으로 경제적인 편익이 크다'는 요지이기 때문에, 20년 전과는 차원과 내용이 다른 얘기이기는 합니다.

하지만 '2015년 통일론'은 '북한 붕괴'나 '흡수통일'이라는 말만 없을 뿐이지 사실상 흡수통일론입니다. 북한 붕괴론, 흡수통일론, 통일비용론은 삼위일체로 돌아갑니다.

흡수통일을 상정한 통일대박론의 위험성

보수 언론들은 2015년 통일론을 전제로 해서, 흡수통일 방식일 때 '돈이 좀 들어가지만 그래도 통일은 대박이다'는 식으로 몰아갔습니다. 이는 국민들에게 잘못된 메시지를 줄 수 있습니다. 설사 북한이 붕괴한다고 해도 자동적으로 우리가 북한 지역을 접수할 수 있는 것이 아니기 때문입니다. 한반도의 지정학적 위치로 인해 북한 붕괴 시 우리 헌정질서가 자동적으로 북한으로 확장될 수 없다는 것을 알아야 합니다.

우선 중국이 가만히 있지 않을 것입니다. 중국은 북한을 자신들의 앞마당이라고 생각합니다. 중국은 한국전쟁에 왜 참전했을까요? 미군이 북한군을 38선 이북으로 격퇴시킨 것으로 끝내지 않고 38선을 넘어 압록강·두만강, 즉 북중 국경까지 밀고 올라가자 중국은 자위(自衛) 차원에서 3차에 걸쳐 무려 180만 명의 병력을 파견했습니다. 중국 입장에서 '자유민주주의 체제하의 통일'이라는 것은, 즉 남이 북을 접수한다는 것은 미국의 영향력이 중국 코앞에까지 미친다는 얘기가 됩니다. 주한미군이 압록강-두만강을 건너 만주까지도 북상할 수 있다는 한국전쟁 당시의 위협적인 상황이 재연되는 셈입니다. 이런 이유 때문에 북한이 붕괴하면 중국은 곧바로 북한으로 밀고 들어갈 수 있습니다. 또한 북한 붕괴 이후 난민·탈북민이 대량으로 중국에 들어오는 것을 막는다는 명분도 있습니다.

미국 입장에서도 북한 붕괴는 그리 유쾌한 상황이 아닙니다. 동북아에서 중국과 또 한번 힘겨루기를 해야 하는 복잡한 상황이기 때문입니다. 북한이 붕괴한다면 미국은 어디까지 손을 쓰고 개입할 것이냐를 두고 고민해야 합니다. 물론 미국이 훨씬 더 이득을 챙기는 방향으로 북한 지역이 관리될 가능성도 있습니다. 하지만 이제 G2가 되어 발언권이 커진 중국의 제안으로 유엔평화유지군(PKF)이 들어온다면 미국 입장에서 죽도 밥도 안 되는 복잡한 상황만 전개될 수 있습니다.

또 다른 문제는 북한 붕괴가 정확히 어떤 것을 의미하는가입니다. 북한의 현재 집권 세력이 권좌에서 쫓겨나는 형태부터 사회주의가 완전히 붕괴되는 것까지 여러 경우를 생각해볼 수 있습니다. 북한은 70년 가까이 사회주의를 했고, 특히 경륜이나 능력에 관계없이 혈통에 의해 지도자를 떠받드는 정치문화가 고착된 곳입니다. 이른바 '백두혈통론'이죠. 따라서 내분이 일어난다든가, 최악의 상황으로 군대가 분열되어 내전이 발발하더라도 바로 친(親)남한 정권을 세우기는 말처럼 쉽지 않습니다.

북한에서는 1970년대 초반부터 김정일이 아버지로부터 권력을 이어받기 위해 '혈통론'을 강조했습니다. 수령이 될 수 있는 풍모는 따로 타고 난다(수령론)는 식으로 이야기하면서 대안은 김정일밖에 없다는 정치사상교육이 철저하게 실시되었죠. 이때 만들어진 분위기와 정치문화로 김정일 사후에 김정은이 권좌에 앉을 수 있었던 것입니다.

결국 북한이 붕괴하더라도 북한의 정치문화를 하루아침에 뜯어고칠 수 없다면, 누군가를 보내서 정권을 차지할 수도, 친남한 정권을 곧바로 수립하기도 어려울 수 있습니다. 긴 시간을 두고 남북 관계가 개선되어 나가는 과정에서 북한에 변화가 일어나고, 북한 스스로 봉건적 정치문화를 극복하도록 하는 수밖에 없습니다. 그래야 북한도 합리적인 정치 지도자를 내세울 수 있습니다. 그런 사람과 남한이 협력을 해야겠죠.

진정으로 통일이 대박이 되려면 남북 관계 개선을 우선에 두고, 북쪽의 민심이 남쪽으로 넘어오도록 해야 합니다. 통일의 구심력부터 키워야죠. 통일원심력을 능가할 수 있을 만큼 통일구심력을 키워가다가 통일을 완수한, 1970~1980년대 서독의 대동독정책을 벤치마킹할 필요가 있습니다.

서독에서는 1969년 사회민주당 빌리 브란트 총리의 동방정책을 시작했습니다. 1982년 기독교민주당 헬무트 콜 총리로 정권교체가 일어났지만, 콜 정부는 동방정책을 그대로 계승합니다. 그리고 1989년 11월 9일 베를린장벽이 무너집니다. 이후 서독은 1년 만에 통일을 마무리했습니다.

주목할 것은 베를린장벽이 무너지기 전 20년 동안에 동·서독 민심이 이미 합쳐졌다는 점입니다. 물론 동독 내의 골수 공산당원이나 체제로부터 혜택을 받는 사람들은 그렇지 않았지만, 어쨌건 서로가 하나가 되겠다는 구심력이 커진 이후에 경제통합이 시작됐습니다. 그리고 그동안 통일원심력으로 작용하던 국제적 요소들을, 월등하게 커진 통일구심력으로 밀어내면서 정치통합까지 마무리했던 겁니다.

이런 바탕이 있어야 통일이 진정한 대박이 될 수 있습니다. 한쪽이 전혀 준비되지 않은 상태인데다가 북한 주민들은 남한 사람들과 같이 살아야겠다는 생각이 없는데, 북한 주민들이 남한 관할권으로 들어가서 지배를 받으려 하겠습니까? 만약 남과 북의 민심이 통할 수만 있다면 주변 국가들은 통일 방해요인이 되기 힘듭니다. 반대로 남·북의 민심이 통하지 않은 채 서로 으르렁댄다면 주변 강대국들은 각자 한반도의 현상 유지를 통해 이득을 챙기려 할 것입니다. 지금까지도 그래왔고 앞으로도 계속 유지하려고 할 것입니다.

예를 들어 미국은 한반도 분단으로 남한에 엄청나게 무기를 팔고 있습니다. 더불어 북한의 위협을 빌미로 대중 군사 포위망을 넓혀가고 있습니다. 일본 역시 북한의 도발, 또는 북한의 핵 보유를 전제로 '한반도 유사시'라는 명분을 쥔 채 군사대국으로 나가려고 하고 있습니다. 중국은 북한이 아쉬우면 자신들에게 손을 벌릴 수밖에 없다는 현실을 바탕으로, 북한을 동북아 지역 내 미국의 확장을 막는 전초기지로 쓰고 있습니다.

이러한 주변 국가들의 한반도정책이 통일의 원심력으로 작용할 수 있지만, 우리의 주도 아래 남북 관계를 끊임없이 발전시키고 남·북의 민심을 통하게 한다면, 통일의 구심력이 원심력보다 더 커질 수 있습니다. 그러면 통일로 갈 수 있습니다. 그래야 통일이 대박이 될 수 있는 것입니다.

질문 여당이나 보수 진영은 그것이 좋든 나쁘든, 어떤 방식으로든 통일에 대한 담론을 만들어냈습니다. 하지만 남북 관계 개선을 이끌었던 김대중, 노무현 전 대통령 이후 현재의 야권은 통일이나 남북 관계에 대해 설득력 있는 비전이나 메시지가 없어 보입니다.

야당의 무책임이 큽니다. 분단국가의 정치 지도자라면 최소한 이런 문제에 대해 자문을 받을 수 있는 싱크탱크 정도는 가지고 있어야 합니다. 그동안은 김대중, 노무현 두 대통령의 나름 확고한 통일 철학에 의존해서 버틴 셈입니다. 두 대통령을 정신적인 지도자로 삼고 있다는 뜻으로 두 분의 사진은 걸어놓고 있는 것 같던데, 정작 국정원 개혁 등 현안 문제에만 신경을 쓰고 있는 것 같습니다. 야당은 자신들이 분단국가 정치인이라는 사실에 눈을 떠야 합니다.

그리고 중장기적인 차원에서 통일 문제를 어떻게 풀어나갈지에 대해 야권의 비전과 정책을 내놓아야 합니다. 한반도를 둘러싼 국제정치 질서가 5년 전과 다르고, 10년 전과 다른 상황에서 옛날 것 그대로 베껴서는 곤란합니다. 연구 기관이라도 하나 만들어서 고민하고 비전과 대책을 내놓아야 합니다.

수권 야당을 자처하는 사람들이 박근혜 정부 대북정책에 대해 비판하고 대안을 제시할 능력이 없는 것은 문제입니다. 적어도 제1야당이라면 통일 문제나 외교 문제에 대해 나름대로의 구체적인 청사진이 있어야 합니다. 김대중, 노무현 전 대통령의 대북정책을 그대로 답습한다 하더라도, 그때와 달라진 국제정세에서 최소한 그걸 조리 있게 설명해 낼 능력은 갖추어야 하는 겁니다.

11

미국의 북한 붕괴론

2014년 2월, 존 케리 미 국무장관은 중국을 방문해 북한 이슈를 협의할 것이라고 밝혔다. 미국의 국무장관이 한반도 통일 문제를 중국과 함께 논의하겠다고 공개적으로 밝힌 것은 매우 이례적이었다. 미국이 북한의 급변사태 또는 붕괴 가능성을 염두에 두고 있다는 것으로 해석될 수 있는 일이었다. 2015년 1월에는 오바마 미국 대통령이 동영상 공유 사이트인 유튜브와 인터뷰에서 북한 붕괴를 언급하기도 했다. 미국이 이렇게 끊임없이 북한 붕괴를 거론하는 이유는 무엇인가? 2014 0210 2015 0618

미국의 성동격서

2014년 2월, 중국과 한반도 통일 문제를 논의하겠다고 한 케리 미 국무장관의 발언은 곱씹어봐야 할 필요가 있습니다. 우리가 볼 때는 통일의 기운이 전혀 없는데, 미국이 나서서 남·북이 통일됐을 때 한반도 상황을 관리하기 위해 미·중 간 대화를 시작하자는 것 아니었습니까? 남북관계가 꽉 막혀 있는 상황에서 통일을 얘기한다는 것은, 북의 붕괴에 의한 남의 흡수통일을 의미하는 것이죠.

중국은 지금까지 한반도 통일에 대해 두 가지 원칙을 지속적으로 강조해왔습니다. 첫째, 평화적 통일과, 둘째, 남과 북의 합의 아래 통일이 되어야 한다는 것입니다. 남북 합의하에 통일을 한다는 것은, 지정학적으로 중국에 중요한 의미가 있는 북의 동의 없는, 남에 의한 일방적인 흡수통일은 받아들일 수 없다는 의미입니다.

중국의 국력이 급성장하면서 최소한 동북아에서는 미국과의 군사적 분쟁에서 밀리지 않을 정도는 됐다고 봅니다. 물론 동북아 이외의 지역에서 미국과 군사적 힘겨루기는 무리겠지요. 하지만 적어도 중국과 지리적으로 연결되어 있는 한반도에서 중국이 미국과 힘겨루기를 한다면 그렇게 밀리지는 않을 것입니다. 따라서 통일이 임박했으니 대국끼리 한반도 통일 문제를 논의해보자는 케리 미 국무장관의 제안에 중국이 동의할 리는 없었습니다. 여기서 말하는 통일은 북한 붕괴에 따른 흡수통일을 의미하기 때문입니다.

그러면 케리는 왜 그런 이야기를 했을까요? 일종의 성동격서(聲東擊

西) 전략입니다. 통일에 대비하는 척하면서 북한의 붕괴 가능성을 퍼뜨리고, 동북아의 안보 상황이 혼란스러워질 가능성이 있다면서 한미 동맹을 강화해야 한다는 논리로 이어질 수 있습니다.

한편으로는 일본의 군사적 역할을 키워주기 위한 의도도 보입니다. 즉 중국을 군사적으로 견제하는 데 일본의 힘을 빌리려는 것이지요. 미국은 앞으로 10년간 국방비를 매년 약 500억 달러씩 줄여가야 하는 상황입니다. 미국만으로 힘드니 일본을 내세워 중국을 견제하려 합니다. 일본도 점차 강력해지는 중국의 군사력에 대응하기 위해 스스로의 군사력을 강화해야 할 필요성을 느끼고 있습니다. 어쨌건 일본이 중국의 대항마로 나서려면 일본의 군사력 강화를 정당화시켜줄 명분이 필요합니다. 일본 군사력 강화의 출발점은 집단적 자위권의 인정인데, 이를 정당화시키려면 '한반도에서의 유사 상태'가 필요합니다. 즉 북한의 군사적 위협, 나아가 북한의 급변사태에 대비하기 위해 일본도 역할을 해야 한다는 얘깁니다. 케리의 발언은 이러한 미국의 동북아 전략과 관련이 있다고 봅니다.

결국 미국은 미·중 경쟁 관계를 일·중 경쟁 관계로 치환하고, 일본의 힘을 빌려 적은 비용으로 계속 동북아 상황을 관리하려는 의도를 갖고 있다고 생각합니다. 우리는 한미 동맹을 관리하는 데 있어 이러한 점을 꿰뚫고 있어야 합니다. 지금 미국이 만들려고 하는 동북아 국제질서의 틀이 짜여지고 있음을 인지하고 외교 방향을 잡아야 한다는 것이죠.

북핵 위협, 또는 북한 급변사태 등을 전제로 한 외교는 결국 남북 대치 상태의 지속과 심화, 나아가 미·중, 일·중 군사 대결을 의미한다는 점에서 우리에게는 득이 아닙니다. 현재 한국은 안보는 미국에, 경제는

"북한은 결국 무너질 것이다"

미국의 북한 붕괴론은 2015년 1월 오바마 대통령의 유튜브 인터뷰에서도 이어졌다. 그는 22일 행크 그린과의 인터뷰에서 '북한은 지구상 가장 고립되고, 가장 많은 제재를 받고, 가장 단절되어 있는 국가'라며 북한 정권이 결국 무너질 것이라고 했다.

중국에 주로 의존합니다. 이런 상황에서 미·일과 중국의 외교적, 군사적 대립이 심화된다면 한국의 입장이 참으로 난처해질 것입니다.

북한 붕괴를 전제로 한 통일대박론이 결과적으로 우리에게 엄청난 부담을 지우지 않을까 우려됩니다. 동북아 외교전에서 우리가 칼끝을 쥐게 되는 부정적인 결과로 이어질 수 있기 때문입니다. 미국과 일본이 북한의 유사 상황을 핑계 삼아 합동으로 중국을 압박하는 상황이 되면, 남북 대화는 시작도 못 할 수 있습니다. 이런 상황에서 한일 관계를 어떻게 관리할지도 심각하게 고민해봐야 합니다. 독도 문제, 야스쿠니 신사 참배 등으로 언제까지 일본과 얼굴을 붉히고만 있을 것인지 고민해볼 필요가 여기에 있는 것입니다.

북한 붕괴라는 희망

북한 붕괴론에 대해 먼저 짚고 넘어갈 필요가 있습니다. 북한에 무슨 일만 생기면 북한 붕괴론이 나오기 때문입니다.

첫 번째는 1980년대 말 1990년대 초, 동유럽 국가들과 소련에서 체제전환이 일어나기 시작할 때였습니다. 동유럽이나 소련에서처럼 북한에서도 체제전환이 일어나기를 바라는 마음에서였을 것입니다. 일종의 '희망적 관측'이었죠.

두 번째, 1994년 7월 남북 정상회담 직전에 김일성 주석이 급사하자 다시 북한 붕괴론이 탄력을 받습니다. 1년에서 3년 내에 북한이 붕괴할 것이라는 기대가 일어났고, 흡수통일론이 유행합니다. 여기에 국내외 북한 경제 전문가들 사이에서는 남북 통일비용 계산 경쟁까지 붙었습니다. 하지만 북한은 붕괴하지 않았습니다. 1970년대 초부터 권력승계를 준비해온 김정일 비서 중심으로 운영되었죠. 김정일 비서의 정치노선인 '선군정치'로 존재감이 약간 떨어지기는 했지만, 조선로동당도, 사회주의 체제도 건재했습니다. '국가'도 '사회주의 체제'도 '정권'도 그대로 유지된 겁니다.

세 번째 붕괴론은 1990년대 후반 탈북자들이 대거 남한으로 들어오기 시작하면서 붐을 탔습니다. 하지만 '희망적 관측'을 하는 일부 전문가들의 전망에도 불구하고 북한은 1990년대 후반을 넘겼고 2000년대 들어 대미 협상도 하고 6자회담에도 나옵니다. 첫 남북 정상회담도 열립니다. 북한은 중간중간 미사일도 발사하고 핵실험도 하면서 '국가'와 '사회주의 체제'와 '김정일 정권'을 유지해갑니다.

2011년 말, 김정일 위원장이 사망하자 북한 붕괴론이 또 나옵니다. 네 번째도 안 맞았지요. '국가', '사회주의 체제', '김정은 정권'이 그런대로 굴러갔습니다. 그러다가 2013년 12월 12일 장성택이 처형되고 난 뒤 다섯 번째로 북한 붕괴론이 다시 붐을 탔습니다.

김일성이 없는데도 북한의 '국가'(조선민주주의인민공화국), '사회주의 체제'(조선로동당), '김정일 정권'은 붕괴하지 않고 버텨왔습니다. '김정일 정권'이 '김정은 정권'으로 바뀌었을 뿐입니다. 김정은의 장악력이 김정일만큼 안 되기 때문에 김정은 정권이 오래가지 못할 것이라는 주장을 하는 사람들도 있습니다. 그것도 '희망적 관측'에 불과하다고 봅니다. 장성택 사건으로 민심이 김정은으로부터 떠나 북한이 붕괴할 것이라는 것도 기대에 찬 전망일 뿐입니다.

제가 지적하고 싶은 것은 무엇보다 북한 붕괴론이 개념적으로 분명치 않고, 범벅이 되어 있다는 사실입니다. '통일대박론'을 다룰 때도 언급한 이야기입니다. 북한 최고 권력자의 축출, 즉 정권 붕괴를 북한 붕괴라고 보는 것인가요? 사회주의 체제를 포기하면, 즉 조선로동당이 무너지면 북한 붕괴라고 봐야 할까요? 국가, 즉 조선민주주의인민공화국의 소멸을 북한 붕괴라고 규정하면 될까요? 권력자가 축출되어도 체제는 그대로 존속될 수 있고, 체제가 바뀌어도 국가는 살아남을 수 있습니다. 동유럽 국가들 중 최고 권력자가 축출되거나 처형된 나라도 있고, 체제전환을 한 나라도 있지만 '국가'들은 건재하지 않습니까?

북한은 '백두혈통론'을 토대로 형성된 독특한 정치문화 때문에 가까운 시일 내에 지도자가 다른 사람으로 바뀔 가능성이 낮습니다. 설사 그런 일이 일어나더라도 체제가 바로 바뀔 가능성도 낮지요. 물론 체제전환이 일어나더라도 그것이 바로 자유민주주의 체제로의 통일을 보장하지 않습니다. 그리고 북한 지역에서 '조선민주주의인민공화국'이라는 '국가'가 소멸할 수 있는 상황이 곧 대한민국의 헌정질서가 압록강-두만강 이남 지역으로 자동 확장되는 것을 보장하지도 않습니다. 한반도의 지정학적 위치와 가치 때문에, 국제간섭이 일어나면서 우리의 지분이 아주 적은 수준에 머물 가능성이 더 큽니다. 다만 그전에 화해협력이 꾸준히 진행되고, 남북의 민심이 연결되어, 통일의 구심력이 통일의 원심력보다 훨씬 커진다면 상황은 달라지겠지만요. 학자들이 학술대회에서 이런 문제에 대해 개념 정리를 해주어야 하는데, 그런 일은 좀처럼 일어나지를 않네요. 언론도 붕괴의 주체가 국가인지, 체제인지,

정권인지 개념 규정 없이 북한 붕괴론을 얘기합니다. 지금 시대가 통일 문제나 북한에 관한 한 '중우정치' 시대라는 뜻이겠지요.

김정은 정권의 붕괴 가능성은

지금 북한 상태를 단정적으로 이야기할 수는 없지만, 가까운 장래에 북한에서 정권 붕괴가 일어날 가능성이 그다지 높아 보이지는 않습니다. 북한 정권 붕괴의 조건은 크게 두 가지 정도로 정리할 수 있습니다. 하나는 극심한 경제난에도 해결책이 없을 때, 또 하나는 권력을 대신 장악할 수 있는 세력이 있을 때입니다.

먹는 문제를 우선 살펴보면, 북한은 최근 신년사에서 농업 문제의 우선순위를 굉장히 높였고 축산에 대한 이야기도 꺼냈습니다. 북한이 식량난에 허덕이기 때문에 농업 문제가 주요 어젠다로 나왔을까요?

이명박 정부 이후 남쪽의 식량 지원이 끊어졌고, 2013년 3차 핵실험을 한 이후 유엔 제재로 인도적 차원의 대북 지원 역시 들어가지 않았습니다. 그런데 WFP(유엔 세계식량계획)의 분석 보고에 따르면, 2013년 북한에서 식량 문제는 없었으며 오히려 식량이 증산됐다고 합니다.

북한은 의식주(衣食住)를 '식의주'로 표현할 만큼 먹는 문제를 중시합니다. 김일성은 '쌀독에서 인심 난다', '기와집에서 비단옷 입고 이팝(쌀밥)에 고깃국 먹고 싶어 하는 인민들의 세기적 염원을 기필코 1990년대에 달성하겠다'는 이야기를 많이 했었습니다. 신년사에서 농업 문제가 높은 순위의 어젠다로 나왔다는 것은, 내친김에 식량 증산을 확실하게 하고 축산을 발전시켜 영양가 높은 음식을 먹도록 하자는 것으로 해석됩니다. 이 말은 체제가 상당히 안정됐다는 뜻이기도 합니다. 더군다나 추후 식량 증산을 하겠다고 하면서, 주식인 쌀뿐만 아니라 고기, 채소, 버섯 증산에 대한 이야기도 나옵니다. 이는 '식의주' 중에 '식' 문제가 상당한 정도로 안정되고 있다는 뜻입니다.

먹고 사는 문제와 더불어 북한 정권 붕괴의 또 다른 중요한 조건은 김정은 이외에 권력의 중심에 내세울 만한 인물이 있느냐 하는 문제입니다. 폭동을 조직하거나 이를 실행할 때 구심점이 될 수 있는, 대안으로 떠오를 수 있는 사람이 있느냐는 문제입니다. 북한에는 그런 인사가 없습니다. 장성택 처형 후에 종파행위에 대한 무자비한 숙청으로 다른 마음을 못 먹게 만들고 있습니다. 동시에 신년사에서도 백두혈통에 대한 충성을 가르치는 사상교육을 강화하겠다고 했고 이를 실행하고 있습니다. 과연 북한 정권 붕괴가 가능할 수 있겠습니까?

최근 나오는 붕괴론은 희망적인 관측에서 비롯된 것 같습니다. 인기가 많았던 장성택이 처형되고 나면 북한 주민들이 김정은에 대해서 거부감을 가질 것이고, 김정은 이외의 대안을 찾으려고 할 것이라는 생각이겠지요. 말 그대로 희망사항에 불과합니다. 북한 정권 붕괴를 전제로 한 이른바 '2015년 자유민주주의 체제통일론'이 국정원에서 나왔지만, 실제 국정원 내의 북한 전문가들 중에서도 북한 정권이 쉽게 붕괴할 거라고 생각하는 사람은 거의 없을 것입니다.

탈북자 손에 좌우되는 외교안보

박근혜 대통령의 대북 인식에도 문제가 있습니다. 2015년 6월 15일 미국 일간지 《워싱턴포스트》와 인터뷰한 기사를 보니, 박근혜 대통령은 북한의 붕괴를 믿고 있는 것 같더군요. 그런 인식에서는 남북 관계 개선이나 협력보다는 체제통일, 흡수통일을 생각할 수밖에 없습니다. 전단 문제를 해결하고 남북 관계 개선의 첫 단추를 끼워보자는 생각 자체를 할 수가 없는 것이죠.

박근혜 대통령은 인터뷰에서 북한 붕괴의 징조를 보았느냐는 질문에, 고위급 탈북자가 김정은의 광범위한 숙청에 생명의 위협을 느꼈다는 진술을 소개했습니다. 북한 체제의 악랄함을 이야기한 것입니다. 물론 북한 붕괴 가능성에 대해서는 평화적인 해결을 희망한다고 밝혔지만, 대통령이 언론 인터뷰에서 탈북자를 거론하면서 북한 붕괴의 징조를 이야기하는 것은 '곧 붕괴될 수도 있는 이런 악랄한 정권과 협력하지 않겠다'는 메시지를 전달하려고 했던 것일 수도 있습니다.

한편 이는 북한에 대한 무지를 드러낸 것이기도 합니다. 북한 정권의 핵심층도 아닌, 당 간부의 탈북으로 북한 붕괴를 이야기할 수 있을까요? 훨씬 고위층인 고 황장엽 조선로동당 비서가 남한으로 넘어왔을 때도, 처음에는 북한 붕괴의 신호라고 호들갑을 떨었습니다만 그 뒤로 북한은 20년 넘게 지속되고 있습니다.

황장엽 비서의 남한행은 1995년부터 감지됐습니다. 당시 그의 움직임이 심상치 않다는 정보가 있었습니다. 사정을 알고 보니 황 비서가 내부적으로 좌천되었던 것이죠. 원래 사상 담당 비서였는데 국제 담당 비서로 바뀐 겁니다. 사상 담당이 국제 담당이 됐다는 것은, 예를 들면 20층 건물에서 19층에 있다가 2~3층으로 내려간 것을 의미합니다.

황장엽 비서가 1997년 남한 땅을 밟았을 때, 당시 대통령과 측근들은 드디어 북한이 붕괴한다면서 그를 붕괴 임박론의 '전령'이라고 생각했습니다. 북한 붕괴 임박론이나 북한 붕괴 불가피론이 유행한 직후 김대중 정부가 들어섭니다. 워낙 유행이 심해서 심지어는 다 무너져가는 북한을 김대중 정부가 살려냈다는, 인과 관계도 맞지 않는 반통일 이데올로기도 나올 정도였습니다.

하지만 결과적으로 고위층 인사였던 황장엽 비서가 탈북해도 북한은 무너지지 않았습니다. 물론 당시 집권자인 김정일 국방위원장은 김정은 제1위원장처럼 사람을 죽이거나 연달아 숙청하지는 않았습니다. 김정일은 철저하게 후계 수업을 받았지만, 김정은은 급하게 권력을 물려받아 오락가락하는 특성이 있기는 합니다. 어쨌건 붕괴 가능성을 논하려면 누가 탈북을 했느냐도 봐야겠지만, 집권자가 누구인지도 살펴봐야겠죠.

그런데 김정은이 물러나면 북한이 붕괴될까요? 북한 체제의 붕괴보다는 '리더십 체인지'로 끝날 가능성이 높습니다. 김정은 정권의 몰락과 북한 체제의 몰락은 별개 문제입니다. 김정은이 물러나면 북한은 권력의 공백을 메꾸기 위해 군부가 집권하게 될 겁니다. 그러면 우리가 관리하기 더 어려운 상태가 될 수 있습니다. 그나마 '백두혈통' 지도자 아래 민간인들이 군부를 지휘하는 형태가, 군부가 직접 국가를 통치하는 것보다는 나을 겁니다.

짚어봐야 할 것은 또 있습니다. 박근혜 대통령이 거론한 그 탈북 인사가 정말 다른 사람들이 숙청되는 것을 보고 무서워서 탈북을 결심하게 된 것일까요? 탈북한 본인이 당의 부부장급이라고 주장하고 있다는 소문을 들었습니다. 이 사람의 진짜 탈북 이유는 무엇일까요? 탈북 이유를 불가피하게 숨기는 것일 수도 있습니다. 본인의 탈북 행위를 정당화하기 위해 북한의 정세를 본인 편리한 대로 설명할 수 있는 가능성을 닫아두어서는 안 됩니다.

탈북한 사람이 북한 내 권력 투쟁이 심하고, 많은 사람들의 마음이 최고지도자로부터 떠나고 있고, 그중에 본인도 한 사람이라면서 붕괴의 임박을 말할 수도 있습니다. 그리고 정말 북한이 그런 상황이라고 믿고 싶은 사람에게는 이런 진술이 가치가 있을 수도 있습니다. 하지만 대통령이 그런 이야기만 믿고 '북한이 붕괴할지도 모른다, 김정은이 민심을 얻지 못해서 간부들로부터도 인정을 받지 못하기 때문에 오래가지 못한다, 그러니까 북한이 붕괴할 것이다.'라고 판단하는 것은 다른 문제입니다. 국가 지도자가 본인이 생각하는 대로만 모든 문제를 해석하는 오류를 범하는 것임과, 동시에 너무 순진한 생각이기 때문입니다.

상대를 굴복시킨다는 관점에서 남북 관계에 접근하면 아무것도 못합니다. 박근혜 정부 외교안보정책의 핵심인 동북아 평화협력 구상이니 유라시아 이니셔티브니 하는 것들은 북한과 함께 하지 않으면 공수표에 불과합니다. 1층을 지어야 2층을 짓는데, 1층을 짓기는커녕 있던 것도 무너뜨리고 있는 것은 아닌지 살펴봐야 합니다.

대북 전단 살포는 '표현의 자유'이고 정부를 비난하는 전단은 수사대상이 되는 모순을 굳이 언급하지 않더라도, 고집스럽도록 대북 전단만 옹호하는 박근혜 대통령 덕분에 결국 남북 관계를 푸는 열쇠가 전단을 날리는 탈북자들의 손에 떨어졌습니다. 그나마 탈북자 전부도 아닌, 극히 일부의 탈북자들에 의해 한국의 외교안보전략이 휘청거리고 있습니다. 한심한 노릇입니다.

장성택이라는 인물

김정일 국방위원장 사망 이후 김정은 국방위원회 제1위원장이 권력을 이어받으면서, 그의 고모부이자 김경희의 남편인 장성택 국방위원회 부위원장이 핵심 권력으로 주목받았다. 그러나 장성택은 김정은 체제가 출범된 바로 다음 해 2013년 12월, 반(反)당·반(反)혁명 종파행위를 저질렀다는 이유로 처형됐다. 김정은 체제의 2인자로 불리기도 했던 장성택의 처형은 누구도 예상치 못한 사건이었다. 그런데 더 이례적인 것은 북한의 행보였다. 북한은 공개적인 자리인 조선로동당 정치국 확대회의에서 장성택을 체포했다. 그리고 이 장면을 관영 매체인 조선중앙TV를 통해 보도했다. 이후 장성택이 재판을 받는 장면, 장성택의 법정 진술 등도 공개했다. 과거 고위직 숙청 사례와 비교해볼 때, 이렇게 구체적으로 죄목을 나열하고 심지어 외부에 공개한 것은 전례가 없던 일이었다. 2013 1215

장성택,
차분하고 신중했던 인물

저는 장성택을 두 번 만났습니다. 차분하고 신중하면서 겸손한 사람이었던 것으로 기억하고 있습니다. 첫 만남은 2002년 10월 26일 서울에서였고, 두 번째는 2007년 10·4 남북 정상회담 당시 평양 백화원 초대소에서였습니다.

2002년 10월에 장성택이 북한 경제시찰단 부단장으로 서울에 왔는데, 당시에는 한국 정부에 총리가 부재한 상황이었습니다. 북쪽에서 장관급 인사가 오면 총리 주최 환영 만찬을 하는 것이 관례였는데, 그렇게 할 수 없는 상황이었죠. 그래서 통일부 장관인 제가 환영 만찬을 주최했습니다. 그때 제 오른쪽에 당시 경제시찰단 공식 대표인 박남기 국가계획위원회 위원장이, 왼쪽에 장성택 조선로동당 조직지도부 제1부부장이 앉았습니다.

북쪽 대표단이 장성택을 대하는 태도를 보니 정말 그가 권력자라는 느낌이 들었습니다. 또 장성택이 조선로동당 조직지도부 제1부부장임에도 경제 문제에 상당히 관심을 많이 갖고 있는 것을 보고 실세라는 생각이 들었습니다. 당시는 북한에서 '7·1경제관리개선조치'라는 것을 발표되어 경제 문제에 한창 관심을 갖던 때였거든요.

그런데 장성택에게는 권력자가 흔히 가질 수 있는 오만함 같은 것들은 발견할 수 없었습니다. 오히려 따뜻함이 있는 사람이라고 할까요? 만찬이 끝난 후 기념촬영을 할 때도 인상 깊은 일이 있었습니다. 당시 북쪽 대표단 사람들이 장성택을 향해 "부부장 동지, 앞으로 나오시라요."라며 앞줄 가운데로 서라고 권유했습니다. 그런데도 장성택이 "아닙니다, 아닙니다." 하면서 맨 뒷줄, 그것도 끝으로 가더군요. 겸손한 사람이라는 인상을 받았습니다. 그래서 '아, 저 사람은 오래 가겠구나.' 하는 생각이 들었습니다.

2007년 10·4 남북 정상회담 때는 제가 특별수행원 자격으로 평양을 방문했습니다. 당시 회담이 끝난 후 환송 오찬이 있었는데, 오찬장에 도착하니 제 자리가 장성택 옆으로 배정되어 있더군요. 북한은 한 번 만난 남측 사람을 다시 만나게끔 하는 경향이 있습니다. 중국말로 꽌시(關係)를 만들려고 하는 것인지는 모르겠지만, 어쨌든 장성택 옆자리에서 식사를 하게 되었습니다. 오찬을 하면서 저에게 "민화협(민족화해협력범국민협의회) 일을 하시는 걸로 알고 있습니다. 그런데 경제 쪽에도 관심을 가져 주십시오."라고 말하더군요. 자연히 남북경제협력에 대해서 많은 얘기를 나누었지요.

장성택은 제가 간단한 것을 물어보아도 본인이 모르는 것에 대해서는 꼭 확인하고 답변했습니다. 당시 오찬에 나온 음식에 대해 물어보니 장성택은 "아, 제가 확실하게 잘 몰라서."라며 관계자를 불러서 확인하고 답해줬습니다. 이 사람은 조심성 있고 확인되지 않은 것은 말하지 않는, 차분하고 신중한 사람이라는 느낌을 받았습니다.

장성택의 이런 면모가 자연스럽게 그 주변에 사람이 모이게 했을 겁니다. 그의 차분한 처신과 따뜻한 인간성이 역설적으로 그가 죄를 뒤집어쓴 이유가 된 것이라고 볼 수 있겠죠. 북한은 장성택이 의도적으로 종파를 형성하고 반당·반혁명 행위를 했다고 발표했는데, 이는 오히려 그 반대로, 즉 의도적인 것은 아니었겠으나 주위에 따르는 사람들이 많았던 것이 아닌가 생각합니다.

북한이 장성택을 속전속결로 처형해버린 것 역시 장성택의 지지 세력이 그만큼 많았다는 것을 방증하는 것이라고 볼 수 있습니다. 2013년 12월 8일 정치국 확대회의에서 장성택의 체포를 결정하고 나흘 만인 12일, 특별군사재판을 통해 사형을 선고한 뒤 즉시 처형했습니다. 또 장성택의 체포가 공개된 이후 조선로동당 기관지《로동신문》에 장성택에 대해 북한 인민들의 적개심이 크다는 보도가 나왔습니다. 장성택을 거의 인간 말종으로 만들어버리더군요. 그런데 이것도 뒤집어보면 장성택에 대한 북한 주민들의 동정심이나 지지가 그만큼 컸고, 이를 정리할 필요가 컸다는 증거일 수 있습니다.

장성택은 혁명가의 자녀가 아니었습니다. 북한 엘리트를 육성하는 만경대혁명학원 출신도 아니죠. 함경북도 청진 출신으로 평양 김일성종합대학 정치경제학부를 다니다가 김정일의 여동생인 김경희와 결혼해 이른바 '로열 패밀리'가 된 사람입니다. 당시 김일성 주석은 두 사람의 결혼을 반대했다고 합니다.

장성택은 북한 기준으로 본다면 한미한 집안 출신입니다. 그런 사람이 3대째 '백두혈통'으로 내려오고 있는 김정은 체제를 뒤집고 스스로 최고권력자 자리를 차지할 수 있을 것이라고 생각하지는 않았을 겁니다. 오히려 김정은 체제에서 2인자 자리를 유지하기 위해서라도 조심해야 한다는 판단을 했으리라고 봅니다. 정말 장성택이 김정은 체제를 전복하려는 모의를 했다면《조선중앙통신》이 공개한 장성택의 판결문에 누구와 어떤 모의를 해 정권을 전복하려 했는지 구체적 내용이 나와야 했는데, 그런 내용은 없었습니다.

북한 지도부는 장성택에 대한 추모가 일어나는 것을 막기 위해서라도, 앞으로도 계속 장성택 계열의 사람들을 향한 숙청의 칼날을 들이밀 것으로 보입니다. 더불어 일반 주민들을 대상으로 정치사상교육 사업을 강화할 것입니다.

누가 장성택이 사라지길 원했나

북한 내 2인자 자리를 놓고 최룡해 총정치국장과 장성택 부위원장이 권력 투쟁을 펼쳤고, 그 과정에서 숙청이 이뤄졌다는 분석이 있습니다. 숙청 과정에서 당 조직지도부가 나서서 장성택에 대한 뒷조사를 했다고 합니다. 현재 조직지도부 제1부부장은 조연준인데, 최룡해 총정치국장이 조연준을 지도할 수는 없습니다. 인민군 총정치국장은 당 소속이고 조직지도부 제1부부장이 총정치국장보다 서열상 높진 않지만 실권의 측면에서 보자면 조연준이 위에 있다고 보면 됩니다. 또 조연준이 최룡해보다 나이가 열 살 이상 많습니다. 최룡해가 지휘를 하고 조연준을 수족으로 부리면서 장성택을 제거하기는 힘든 것이죠.

또 최룡해가 총정치국장까지 올라가는 데는 장성택의 역할이 컸을 겁니다. 최룡해는 군부 출신이 아니라 사로청(사회주의노동청년동맹) 출신입니다. 군 경력도 전무하죠. 최룡해의 아버지가 김일성의 빨치산 동지인 최현 대장이기는 하나, 군 경력이 없는 인사를 총정치국장에 앉힌 것은 대단히 이례적인 일입니다. 군에 있는 사람들 입장에서 보면 굉장한 모욕일 수 있습니다. 역대 총정치국장 인사들을 봐도 인민무력부장이나 총참모장을 지냈던 사람들이었습니다. 그러니까 최룡해가 군부를 대표하는 인물이라고 할 수도 없습니다.

물론 민간인인 최룡해를 총정치국장에 앉힌 데는, 김정일 집권 당시 '선군정치'라면서 군인들이 정치를 좌우했던 것을 바꿔야겠다는 생각도 있었을 겁니다. 당이 확실하게 군을 지배하는 당 우위 체제로 가야겠다는 의도라고 할 수 있죠. 공산주의 체제의 기본적인 통치 방식이기도 하지요. 그렇다고 해도 군에서 대장, 차수 등의 높은 계급을 달고 있는 사람들은 최룡해의 총정치국장 임명을 모욕적인 것이라고 생각하겠죠. 이런 배경에서 최룡해가 자기를 도와준 장성택을 쳐냈다면, 최룡해 역시 군 내부에서 신임을 얻지 못할 것입니다.

장성택 제거의 주역은 김정은 조선로동당 제1비서였다고 봅니다. 일각에서는 김정은의 이복 누나인 김설송 부부가 장성택 숙청을 지휘했다는 이야기도 나옵니다. 그런데 북한에서 이복형제가 할 수 있는 일은 별로 없습니다. 이복형제는 '곁가지'에 불과하거든요. 거기에 권력을 줄 수가 없는 구조입니다. 김정일이 이복동생인 김평일과 김영일을 외교관 감투를 씌워서 사실상 외국으로 추방한 것만 봐도 곁가지가 어떤 취급을 받는지 알 수 있지요.

김정은은 장성택이 고모부라서 버거웠을 겁니다. 친인척 관계가 없으면 나이가 많아도 부하로 부릴 수 있는데, 고모부니까 좀 껄끄러웠을 겁니다. 어릴 때 고모부라고 불렀던 사람과 갑자기 상하 관계가 바뀌어 버린 것이잖아요? 장성택보다 나이가 훨씬 많은 김영남 최고인민회의 상임위원장이나 김기남 당 비서는 친인척 관계가 아니니까 덜 부담스러웠을 것이고, 또 그 사람들이 김정은에게 극진히 잘하기도 했겠지요.

장성택의 자리를 노리거나 못마땅하게 여기는 인사 또는 집단이 김정은을 상대로 모략을 했을 가능성도 있습니다. 그건 권력의 생리입니다. 김정은 입장에서는 안 그래도 좀 불편했는데 그런 모략을 들으면 그대로 믿고 싶은 심리가 작동했을 것이라고 봅니다. 장성택의 죄목을 찾아 제거함으로써 상대적으로 입지를 키우려는 세력이 연합해서 김정은을 활용했을 수 있는 겁니다.

질문 그렇다면 장성택 숙청으로 김정은의 권력이 강화된 것으로 봐야 할까요, 아니면 권력 기반이 취약하다는 점을 드러낸 것으로 봐야 할까요?

장성택의 숙청을 통해 김정은의 취약했던 권력 기반이 강화되었다고 보기도 합니다. 하지만 김정은의 권력 기반이 취약했기 때문에 장성택을 희생양으로 삼아 권력을 강화했다고 보기는 어렵습니다. 토머스 셰퍼 주북한 독일대사는 김정은의 권력 기반이 취약했기 때문에 장성택을 숙청했다고 분석했습니다. 하지만 김정은 체제는 이미 대안이 없는 상황입니다. 즉 정권 주변에 있는 사람들은 어떤 식으로든 김정은이라는 상징적 존재를 수령으로 모시고 가야 하는 것입니다. 그런 점에서 이들은 운명공동체입니다.

사실 장성택의 숙청은 체제 불안보다는 김정은의 심기가 불편해진 데 그 단초(端初)가 있었다고 봅니다. 권력의 생리와 관련해서 설명할 수 있는 부분입니다. 민주주의 국가에서도 대통령과, 후보를 대통령으로 만드는 데 기여한 당선 공신들이 집권 이후 점점 멀어지고 결국 공신들이 제거되는 경우가 종종 있지 않습니까? 대통령과 맞먹으려고 하기 때문이죠. 하물며 3대가 세습하고 최고지도자가 신적인 존재로 떠받들어지는 북한 사회에서는 더하지 않겠어요? 김정은이 보기에 장성택이 자신을 신으로 봐주지는 않았을 겁니다. 최고권력자의 심기를 건드렸을 것이고, 이게 숙청의 원인이지 않을까 합니다.

북중 경제협력 프로젝트

질문 **장성택은 중국통으로 알려졌었습니다. 북중 경협을 주도하면서 북한 내부의 경제 상황도 좋아지다보니 주민들에게 인기가 많았다는 이야기도 있고요. 장성택의 처형으로 인해 북한의 개혁개방이 후순위로 밀리고 북중 관계가 긴장감이 높아질 것이라는 예측도 나왔습니다.**

장성택이 추진해왔던 북중 경제협력 프로젝트의 명맥은 유지될 것입니다. 다만 앞으로 그런 프로젝트를 적극적으로 추진하고 심화·발전시키기는 어렵다고 봅니다.

장성택이 체포됐던 8일, 신의주에서 개성까지 고속철로를 놓기로 한 프로젝트의 계약이 체결되었다는 보도가 있었습니다. 장성택 때 이미 입안이 되었을 겁니다. 이런 식으로 장성택이 추진했던 사업들을 그대로 진행한다고 할지라도, 앞으로 경제협력 사업들이 강화되기는 쉽지 않을 것으로 보입니다. 이런 프로젝트는 최고결정권자가 결단을 내릴 수 있도록 건의할 수 있는 위치에 있는 사람이 강력히 밀어줘야 성사가 가능하거든요.

그동안 장성택은 중국의 상무부장 천더밍을 카운터 파트너로 해서 황금평·위화도 개발, 나진·선봉 개발, 신(新)압록강대교 건설 등을 적극적으로 추진했습니다. 장성택 정도의 위치에 있는 사람이 밀어붙이니까 가능한 일이었죠. 그런데 장성택에게 무산철광 등 북한의 지하자원을 중국에 헐값으로 팔았다는 누명을 뒤집어씌워 처형시킨 마당에 앞으로 누가 적극적으로 경제협력 사업에 나서겠습니까?

또 중국은 이른바 '꽌시'를 중시합니다. 관계가 있는 사람이거나 아는 사람한테는 혜택을 많이 주는 중국식 사교 문화죠. 물론 국가적인 일을 함에 있어서는 꽌시에만 의존하지 않고 국익에 입각해 협상을 하기도 했지만, 오랫동안 중국과 손잡고 일했던 장성택과 그 그룹이 사라진다면 새로운 꽌시를 형성해야 하는 과정이 필요합니다. 이 과정에 시간이 걸린다면 상당 기간 동안 북중 경제협력이 속도를 내기 어려울 것입니다.

북한이 2013년 12월 9일 공개한 장성택의 죄목을 보면 "나라의 귀중한 자원을 헐값으로 팔아버리는 매국행위"를 했다고 나옵니다. 북한은 이 때문에 '주체철과 주체비료, 주체비날론' 등을 발전시키라는 유훈을 관철할 수 없었다고 주장했습니다.

무산철광이 연변에 근거를 둔 회사에 싸게 팔렸다고 하는데, 싸게 판 데는 그럴 만한 이유가 있었을 겁니다. 싸게 파는 대신 중국으로부터 반대급부가 기대되니까 그렇게 했을 겁니다. 중국이 필요로 하는 원자재를 싸게 팔고, 나중에 중국의 투자를 크게 유치한다는 큰 그림을 그리지 않았을까요?

물론 정말 싸게 팔았을 수도 있습니다. 과거에도 북한은 중국과의 거래에서 국제 우호가격이라고 해서 국제시세보다 비교적 싸게 거래를 했거든요. 북한이 중국의 물건을 국제가격의 반 정도로 산 경우도 많습니다. '조중 특수 관계'에 입각한 결과일 수 있다는 것이죠.

한편으로는 북한의 수송 능력이 열악해서 제값을 못 받았을 수도 있습니다. 북한이 자신들의 운송수단으로 철광석을 중국 측에 인도한다면 제값을 받을 수 있겠지만, 물류 능력이 떨어지니 그럴 수가 없습니다. 결국 중국에서 직접 트럭이 와서 철광석을 싣고 가거든요. 그럼 물건값에서 수송비는 빼야겠죠. 값이 내려갈 수밖에 없는 겁니다.

중국은 북한의 물류가 좋지 않다는 것을 파악하고, 무산철광에서 연길까지 가는 철도를 중국 자본으로 깔았습니다. 아마 자신들이 수송하기에 편리한 방식으로 개·보수를 했겠죠. 또 훈춘에서 나진·선봉까지 가는 도로도 중국 자본으로 건설하고 있습니다. 단둥에서 용천까지 건너가는 신압록강대교도 중국 자본입니다. 이렇게 중국이 교통 인프라 건설에 돈을 쓴다고 하면 북한도 뭔가 반대급부를 줘야 합니다. 주고받고 하는 것이 있어야죠.

이런 큰 그림을 보고 북중 경협을 생각해야 하는데, 북한은 자원을 싸게 판 것만 부각시켜서 장성택이 매국 행위를 했다고 만들어버린 것이죠. 이렇게 하면 앞으로 외국과 경제 협상을 할 때 상호주의적으로 하거나 혹은 북한이 먼저 적극적으로 움직이면서 중국 또는 상대의 더 큰 투자를 유치하는 전략은 추진하기가 어렵지요. 적극적인 자세를 가지는 당국자도 나올 수 없구요. '이러다가 나도 매국 행위로 몰리는 것 아닌가.' 하고 생각할 수밖에 없지 않겠습니까?

이는 비단 북중 경협뿐만 아니라 개성공단 협상에도 좋지 않은 영향을 줄 수 있습니다. 남쪽의 많은 투자를 끌어들이기 위해 북한이 양보해야 할 때도 있을 것이고, 이렇게 함으로써 북한의 이익을 증대시켜야 할 필요성이 분명히 있을 텐데, 북한의 어느 당국자가 이런 일을 할 수 있겠습니까?

장성택 처형과 북한의 대외 관계

북한은 장성택 숙청을 정당화하기 위해 당분간 내부적으로 긴장 분위기를 유지하고 강경노선을 끌고 가야 하기 때문에 남한에 대해서도 유연한 접근을 하기 어려울 것입니다. 대외적으로 핵 문제와 관련해서도 당분간 강경파의 목소리가 득세할 것이고, 대미 관계를 비롯해 대외 관계 분야에서 유연한 정책을 기대하기도 어려울 것으로 봅니다. 북한은 2013년 5월 최룡해를 중국에 보내면서 그동안 거부해왔던 6자회담도 할 수 있다고 밝혔고, 김계관 북한 외무성 제1부상이 러시아까지 다녀오는 등 활발하게 움직였습니다. 한국과 미국이 요지부동일 때 북한과 중국이 6자회담 재개를 위해 선제적인 활동을 벌인 셈입니다.

그때만 해도 북한은 6자회담을 빨리 열어서 북미 관계를 안정시켜보자는 기대를 갖고 있었을 겁니다. 물론 북한을 그렇게 만든 것은 존 케리 미 국무장관이지요. 케리는 4월에 베이징에서 6자회담은 물론이고

4자, 2자회담까지도 할 수 있다고 말했습니다. 미국의 전향적인 자세에 영향을 받은 북한도 전향적으로 움직인 때입니다. 하지만 이제는 북한의 적극적 행보를 기대하기 힘들어 보입니다. 장성택을 무자비하게 정리한 것을 정당화하기 위해서라도 김정은은 상당 기간 내부의 긴장 분위기를 이어갈 것이고, 남한, 핵 문제, 대미 관계에 대해 유연하게 나오기는 힘들 겁니다.

무자비한 집단과 관리

장성택 처형 사건은 최근 종북몰이가 극을 향해 치닫는 상황에서 아주 좋은 소재가 될 수 있죠. 권력 2인자를, 더군다나 자신의 고모부를 극형에 처하는 저런 집단과 무슨 대화며 화해협력이냐 하는 식으로 끌고 가면 남북 관계는 점점 더 경직될 것입니다. 국내 보수 세력에게는 단기적으로 정치적 도움이 될 수도 있겠죠.

장성택 사건 이후 국내 언론의 보도 방향과 일부 북한 전문가들의 발언을 보면, 이 사건이 국내정치의 보수 우경화에 굉장히 기여했다는 생각이 듭니다. 교수들까지 나와서 '저렇게 무자비하게 사람을 죽이는 집단과 무슨 대화를 하냐', '기대할 것 없다'는 이야기를 쏟아냈습니다. 북한의 대남 도발 가능성으로 연결해, 우리가 철저히 대비해야 한다는 이야기도 많이 하더군요.

그런데 우리 속담에 '우선 먹기는 곶감이 달다'는 말이 있습니다. 장성택 처형을 정치적으로 이용하면 당장은 국내정치적으로 이익이 될지 모릅니다만 남북 대치 상태를 1년 이상 끌고 가면 자충수가 될 수도 있습니다. 남과 북 사이의 긴장이 우리에게 도움이 되지 않거든요.

정권의 국내정치적 필요에 의해 남북 관계의 긴장이 계속되면 한반도 위기지수가 높아집니다. 그러면 국가의 신용등급에 영향을 주고, 신용등급이 낮아지면 투자가 안 들어오고, 있는 돈 빠져나가고, 증권시장이 춤을 춥니다. 정치적 지지의 기본적 토대인 경제 상황이 크게 영향을 받으면서 '코리아 리스크'도 커집니다. 남북 관계의 긴장이 계속되면 정권에 대한 지지도를 떨어뜨리는 결과로 이어질 수 있습니다. 이러한 함수 관계를 잘 생각해야 합니다.

질문 그렇지만 일반 국민들이 보기에는 '저런 무자비한 정권과 어떻게 대화를 할 수 있을까' 하는 의구심이 드는 것은 사실입니다. 충격적인 사건임에는 틀림없으니까요.

하지만 무자비한 숙청을 하는 집단이라는 것 때문에 대화 자체를 포기하는 것은, 국가적으로 자해행위입니다. '그런 정권이니까' 오히려 계속 대화를 통해 감시하고 관리해야 합니다.

전두환 대통령은 1983년 10월 버마 방문 당시 아웅산 묘소에서 자신을 폭탄테러로 살해하려 했던 북한 김일성 정권과 바로 다음 해 남북회담을 열었습니다. 북한이 예뻐서 그랬겠습니까. 한반도의 위기 상황을 관리하려면 북한을 제대로 알아야 하기 때문에 북한과 대화에 나선 겁니다. 박근혜 정부는 이 점을 잘 유념해야 합니다.

같은 시기 미국의 레이건 대통령도 "소련은 악마의 제국이다. 그러나 바로 그렇기 때문에 소련과 끊임없는 대화를 해야 한다."라고 말했습니다. 그 결과가 무엇입니까. 미국과 소련의 대화가 계속되면서 양국의 핵무기가 감축되었고, 1989년 12월 냉전 종식, 그리고 1991년 소련 해체까지 이르게 된 것 아닙니까. 미국은 1950년대 공포정치를 펼친 스탈린 시대의 소련과도 대화를 포기하지 않았습니다. 어떤 식으로든 대화를 했습니다.

미국과 소련은 1975년 헬싱키 프로세스를 체결하기도 했죠. 당시에는 미국과 서유럽, 소련과 동유럽이 삼엄한 군사적 대치 상태에 있었습니다. 이렇게 군사적으로 대치하면서도 미국은 교류협력을 통해 동유럽과 소련을 관리하지 않았습니까? 그 과정에서 경제협력이라는 레버리지를 통해, 동유럽과 소련의 정치적 변화, 인권상황 개선을 이끌어냈습니다. 이것이 결국 탈냉전까지 가게 된 힘이었습니다. 많은 국제전문가들은 미국 등 서방 측이 냉전에서 승리한 결정적 원인은 군사력이 아닌 인권 개선과 경제협력에서 찾고 있습니다. 인권, 민주주의, 경제력, 모든 면에서 한국은 우위에 있습니다. 그런데 왜 우리가 대화를 먼저 포기해야 하나요?

역사적 교훈을 잘 숙지하고 전체 판을 봐야 합니다. 공산주의 국가와 사회주의 정권이 반(反)인륜적인 행위를 한다고 해서, 극단적 처형을 저지른다고 해서, 대화 자체를 포기하자는 것은 어리석은 '선동'에 불과합니다. 청와대나 집권 여당이 여기에 현혹될까봐 걱정됩니다.

앞에서도 언급했지만, 그런 집단일수록 대화를 통해 속내를 알아내야 합니다. 북한의 속사정이 어떤지, 평양 시내의 분위기는 어떤지, 장성택 숙청 과정에서 어느 정도 사회 혼란이 있는지를 냉정하게 따져보고 대응해야 합니다. 이러한 대화나 탐색 없이 그저 추정으로만 상대를 파악하고 정책을 끌고 가는 것은, 결과적으로 국가안보를 해치는 행위가 될 수 있습니다. 북한의 속사정을 제대로 파악하기 위해서도 대화와 교류는 필요합니다.

또 대화란 합의된 결과를 내기보다 서로 탐색하거나 상대방을 더 깊이 이해하는 기능을 갖고 있습니다. 박근혜 정부는 대화를 위한 대화를 하지 않겠다고 했습니다. 반대로 질문을 해보죠. 그렇게 결과만을 고집하는 방식으로 대화하면 세계 어느 국가와 만나서 어떤 일을 같이할 수 있겠습니까? 이란의 핵 협상 과정을 볼까요? 이야기가 끝난 것처럼 되어가다가 약속 이행의 시점을 놓고 2013년 12월 9~10일 이틀 동안 논의했는데 끝내 합의가 도출되지 않았습니다. 큰 틀의 합의보다 디테일이 더 중요하게 부각된 사례라고 할 수 있죠. 하지만 헤이글 미 국방장관까지 이란 핵 협상 결과에 대해서 만족을 표시했습니다. 위험한 이란을 관리할 수 있는 디딤돌을 놓았다는 뜻이죠.

남북 관계는

갑을 관계가 아니다

박근혜 대통령은 2015년 3·1절 기념사에서 북한에 이산가족상봉 정례화와 서신 교환 등을 협의하자고 촉구했다. 또 통일준비위원회와 통일헌장 수립 등 박근혜 정부의 통일 준비가 북한을 고립시키려는 것이 아니라며, 남북 대화를 외면하지 말라고 강조했다. 그러나 북한은 이에 대해 '체제 대결의 망상'이라며 강하게 반발했다.
박근혜 정부가 남북 관계를 마치 '갑을 관계'인 것처럼, '우리가 시키는 대로 하면 되지 무슨 말이 그렇게 많은 거냐'라는 식으로 접근하고 있다는 지적이 나왔다. 1980년대 말, 사회주의권이 붕괴되면서 북한의 흡수통일에 대한 공포는 점점 강해졌다. 따라서 북한의 열등의식을 건드리지 않고 남북 관계를 이어나가기 위해서는, 갑을 관계가 아닌 상대를 존중하는 자세가 필요하다는 주장이 나온다. 남한이 먼저 남북 관계를 원만하게 풀어나가려고 한다는 것을 행동으로 보여주어야, 북한에서 그 진정성을 확신할 수 있다는 지적이다. 2015 0303

북에겐 부담스러운 이산가족상봉

이산가족의 생사 확인, 상봉 정례화, 서신 교환 등을 협의하자고 밝힌 3·1절 기념사를 보면서, 박근혜 대통령이 남북 관계에 대해 너무 비현실적인 생각을 하고 있는 것 아닌가 싶었습니다. 이산가족상봉 문제는 이렇게 말한다고 해결될 수 있는 문제가 아니기 때문입니다.

박근혜 정부는 이산가족상봉 문제를 제기하면 북한이 '인도주의'라는 대의명분 때문에 꼼짝 못하고 나오리라고 생각해서인지, 회담을 제의할 때마다 단골 메뉴로 이산가족상봉을 들고 나옵니다. 여러 번 이야기했지만 북한에게 이 문제는 대내적으로 굉장히 복잡한 정치 문제입니다. 남북한 체제가 극명하게 비교되는 행사이기 때문에 북한 입장에서는 굉장히 부담스러운 일이죠.

이산가족상봉 행사를 꺼려한다는 것은 북측 인사의 입을 통해 확인한 것입니다. 1998년 4월 이른바 '비료회담'이라고 불리는 남북 차관급 회담이 베이징에서 열렸습니다. 제가 남측 수석대표로 참석했습니다. 이때 북측 대표였던 전금철 단장은 '이산가족상봉은 굉장히 복잡한 정치 문제'라며 비료 지원 제의를 거부했습니다. 당시 우리는 북한이 필요로 하는 비료 20만 톤을 줄 수 있으니, 대신 그해 가을에 이산가족상봉 사업을 진행하자고 제의했습니다. 북한이 김영삼 정부 말기에 적십자 접촉을 하는 과정에서 비료 이야기를 꺼냈고, 새 정권인 김대중 정부가 들어선 이후에도 비료에 계속 관심을 보였기 때문에 성사가 가능할 것이라고 생각했습니다.

그런데 일주일 동안 실랑이를 벌였지만 합의를 이루지 못했습니다. 전 단장은 이산가족상봉이 복잡한 정치 문제라고만 하면서, 내부적으로 부담이 많다는 이야기는 하지 않았습니다. 그저 남측 정권이 이산가족상봉을 통해 국민들에게 점수를 따려고 한다는 식으로 둘러댔습니다. 하지만 실상은 북한 내부의 문제 때문인 것처럼 보였습니다.

이산가족상봉이 본격화된 것은 2000년 6·15 남북 정상회담 이후입니다. 설과 추석 등 명절을 계기로, 그리고 중간에도 구실을 찾아서 일 년에 서너 번씩 상봉을 진행했습니다. 불과 2년 전에는 비료도 받지 않고 상봉을 거부했던 북한이 이렇게 돌변한 이유는 남측의 쌀과 비료가 고정적으로 지원되었기 때문입니다. 이 대목이 중요합니다. 박근혜 대통령은 과거의 이산가족상봉이 어떻게 성사됐는지를 알아야 합니다.

만약 박근혜 대통령이 말하는 대로 북한이 인도주의적인 문제에 관심을 기울였다면, 북한 내부의 인권 문제라는 게 애초에 발생하지 않았을 것입니다. 북한은 인권 문제를 제기하는 국제사회에 대해, 자기들은 배부른 소리 할 처지가 안 된다면서 인권 문제는 없다고 대응하고 있습니다. 정치범 수용소를 비롯해 심각한 인권 침해에도 저렇게 대응하는 북한이, 인도주의적인 문제를 해결하기 위해 이산가족상봉에 응하라는 우리 정부의 말을 듣겠습니까?

또한 박근혜 대통령은 우리가 하는 통일 준비는 북한을 고립시키려는 것이 아니고, 북한을 개방과 변화로 끌어내기 위한 것이라고 밝혔습니다. 그런데 북한은 같은 날 《로동신문》 사설을 통해 '기만적인 대화 타령을 걷어 치우라'며 통일대박론이나 통일헌법 등이 오히려 체제 대결만을 심화시킬 뿐이라고 주장했습니다.

북한에서는 남한이 자신들을 흡수통일하려는 의도를 갖고 있다며 통일준비위원회를 비롯해 통일헌장 제정 착수 등을 경계하고 있습니다. 그러면 이는 흡수통일을 위한 것이 아니라, 먼 훗날 통일을 대비해서 미리 연구를 해놓는 것이라고 이야기하고 지나갔어야 합니다. 그런데 박근혜 대통령은 북한 붕괴를 전제로 한 흡수통일전략이 아니라는 이야기를 분명히 하지 않으면서, 이러한 움직임들이 사실상 흡수통일을 전제로 하고 있다는 것을 시인하는 결과를 만들었습니다.

북한이 가장 싫어하는 것이 개방과 변화입니다. 그런 상황에서 북한을 끌어내려면 대놓고 '선언'하는 것이 아니라, 서로 왕래하는 과정에서 '가랑비에 옷 젖는다'는 말처럼 자신도 모르게 변화하도록 만들어야 합니다. 어느 날 북한이 '어? 우리가 여기까지 왔네?'라는 생각이 들더라도 다시 원래 상태로 돌아갈 수 없게 만들어야 합니다. 데이트 상대는 만날 생각도 없는데, 만나기도 전에 "너랑 결혼할 거야."라고 말하면 어느 누가 그 자리에 나가겠습니까?

남북 관계는 갑을 관계?

질문 **북한의 실정, 북한이 정말 원하는 것을 보지 않는 것은 물론이고, 북한을 대등한 대화 상대가 아니라 일방적인 통일의 대상으로 보고 있기 때문에 이런 발언이 나오는 것 같습니다. 그런 측면에서 본다면 2000년 3월 김대중 전 대통령의 베를린선언을 주목할 필요가 있어 보입니다. 2000년 6·15 남북 정**

상회담이 성사된 것은 김대중 대통령의 이 연설이 흡수통일에 대한 우려 때문에 남한에 적대적이었던 북한의 마음을 돌려놓았기 때문 아닙니까?

남북 관계를 갑을 관계로 보는 사고방식이 이명박 정부에 이어 박근혜 정부에까지 이어지고 있습니다. 우리가 시키는 대로 할 것이지, 무슨 말이 그렇게 많냐는 접근이지요. 이런 식이면 북한과 어떻게 대화를 하겠습니까. 북한이 어떤 심리 상태를 가지고 남한을 바라보는지 파악해야 합니다.

북한은 이미 1980년대 후반부터 흡수통일에 대한 공포가 강했습니다. 당시 사회주의권의 붕괴, 소련의 체제전환, 서독의 동독 흡수 과정을 지켜본 북한은 자신들도 그렇게 될 것이라는 공포가 심했습니다. 1994년 김일성 주석의 사망으로 정신적 공황 상태에 빠졌고 엎친 데 덮친 격으로 이후 3년 동안 홍수와 가뭄 피해가 잇따라 이른바 '고난의 행군' 시기를 겪습니다.

고난의 행군을 막 끝내가던 시기에 김대중 정부가 들어섰습니다. 김대중 대통령은 취임사에서 △북한의 무력 도발에는 반대하지만 △북한을 흡수통일하려는 것이 아니며 △우선 남북 화해협력을 진행하겠다는 대북정책을 천명했습니다. 그럼에도 북한은 햇볕정책을 두고 뒤집어놓은 흡수통일정책 아니냐, 자기들을 녹여먹으려는 전략이 아니냐는 식으로 반응했습니다.

북한은 이처럼 굉장히 방어적인 자세를 취했습니다. 국력 격차가 심해지니까 남쪽에 대한 열등의식이 강해진 겁니다. 그래서 행동에 있어서는 자존심을 세우는 식으로 나옵니다. 북한이 남한을 상대로 하는 거

드름이나 체면의 뒷면에는, 엄청난 대남 열등의식이 있는 것입니다.

그래서 당시 정부는 북한의 이러한 대남 방어적인 심리를 어떻게 달래가면서 한반도 상황을 안정적으로 관리할 수 있을지 고민했습니다. 그래서 결국 정부는 뒤로 빠지고 민간을 앞세우자고 결정했습니다. 이것이 민간 접촉을 시작으로 당국 간 협상의 길을 연다는 이른바 '선민후관'(先民後官)정책이었습니다.

1998년부터 정부는 민간 차원의 북한 방문 승인을 대폭 확대했습니다. 또 민간기업의 대북 사업을 늘리면서, 경제를 앞세워서 북한을 흡수시키려는 것이 아니라는 인식을 북한에 심기 시작했습니다. 그렇게 2년 동안 공을 들인 끝에 정상회담이 성사됐습니다. 이 과정에서 김대중 정부는 '진정성'이라는 단어를 입 밖에도 내지 않았습니다. 행동으로 북한에 보여줬습니다.

베를린선언 당시에도 마찬가지입니다. 당시 정부는 이 내용을 연설 하루 전에 북측에 통보했습니다. 김대중 대통령이 세계의 이목이 집중되는 분단과 통일의 상징인 베를린에 가서 남북 관계에 대해 이야기를 할 것이니 미리 알고 있으라고 전해준 겁니다. 상대가 우리를 신뢰할 수 있도록 먼저 행동으로 보여준 셈이죠.

이런 것이 진정성입니다. 난데없이 뒤통수를 때리거나, 하나마나한 이야기를 하거나, 상대가 극도로 싫어하는 말과 행동을 하면서 '진정성' 있게 하자고 하면, 정말 관계 개선이 가능할까요? 남북 관계를 원만하게 풀어나가려고 한다는 걸 행동으로 보여줘야 북쪽에서 '진짜 저 사람들이 우리를 어찌 해보려는 것은 아니구나.' 하는 확신을 갖게 됩니다.

열등의식을 자극하지 않으면 가능한 일들

남북 관계 개선을 위해서는 먼저 북한을 정확히 알아야 합니다. 제가 통일부에서 30년 이상 북한을 꾸준히 관측하고 분석하며 경험했던 시간들을 회고해보면, 북한은 쉽게 붕괴할 집단이 아닙니다. 하지만 북한이 가지고 있는 열등의식도 상당히 심각한 수준이었습니다. 따라서 이걸 자극하지 않고 북한을 우리 페이스대로 끌고 가는 것이 필요합니다.

그런 의미에서 햇볕정책은 그나마 한반도 상황을 안정적으로 관리하는 데 도움이 됐다고 봅니다. 햇볕정책은 앞서 말씀드린 '선민후관'(先民後官)을 비롯해서, 쉬운 일을 먼저 하고 어려운 일을 나중에 한다는 '선이후난'(先易後難), 경제 교류를 먼저 하고 정치 협상은 나중에 한다는 '선경후정'(先經後政), 먼저 주고 나중에 받는다는 '선공후득'(先供後得)을 핵심으로 하고 있습니다. 특히 관(官)이 아니라 민(民)이 먼저 나섰기 때문에 북한과 거리를 좁힐 수 있었습니다.

박근혜 정부도 이런 방식을 취해야 합니다. 정부가 아니라 민간이 북한과 접촉하게 하면서 '박근혜 정부 대북정책에 진정성이 있다, 통일준비위원회와 통일헌장 등도 나중에 당신들과 함께 만들어갈 것들을 미리 준비하고 있는 차원일 뿐이다' 등 북한을 안심시킬 수 있는 메시지를 전달해야 합니다.

더불어 북한이 필요로 하는 것을 민간 차원의 대북 지원이나 교류협력으로 지원해주면서, 이산가족상봉 행사에 응하면 더 많은 것을 받을 수 있다는 희망을 줘야 합니다. 맨입으로 하려고 하면 안 됩니다. 상응한 대가를 북한의 손에 쥐어주면 동북아 평화협력 구상, 유라시아 이니셔티브 등 박근혜 정부의 대외정책에 북한이 얼마든지 협조할 수 있습니다.

특히 유라시아 이니셔티브는 매우 간단한 사업입니다. 2014년 박근혜 대통령은 한국이 주도권(initiative)을 쥐고 유라시아 대륙의 철도와 도로를 하나로 연결하는 일을 선도해나가겠다는 구상을 밝혔습니다. "부산에서 기차를 타고 평양 신의주를 거쳐 파리까지 가보고 싶었던 소녀시절의 꿈"이 정책으로 발전한 것이라 밝히기도 했지요. 2015년 8월 5일, 박근혜 대통령은 철원 백마고지 주변에서 경원선 남측 구간 복권 기공식을 주재했습니다. 그런데 이미 김대중 대통령의 '철의 실크로드' 구상에 따라 2002년 9월부터 경의선 철도와 도로, 동해선 도로와 철도 연결공사가 시작돼 2005년에 공사가 끝나 있는 상황이었습니다. 2007년에는 기차의 남·북 왕래를 위한 시험 운행까지 수차례 진행했죠. 따라서 남·북이 이미 연결된 철로와 도로를 통해 기차와 자동차 운행에 합의하고, 부산에서 출발만 하면 되는 실정입니다.

핵심은 북한 지역에 철도가 통과하는 것입니다. 그런데 이미 경의선은 연결되어 있지 않습니까? 그걸 개통하자고 하면 풀리는 문제입니다. 이걸 진행시키려면 남북 관계를 풀면 됩니다. 그런데 박근혜 정부는 이마저도 엉뚱한 곳에서 답을 찾았습니다. 남북 관계를 개선하면 자연스럽게 따라오는 일인데도 불구하고, 남북 관계 개선보다는 동해선의 끊어진 철도를 복원하는 것을 먼저 하겠다고 했습니다. 강릉에서 제진까지 117km 구간을 복원하는 것이 박근혜 대통령이 말하는 유라시아 이니셔티브를 구축하기 위해 사전에 반드시 해야 하는 작업인지

의문입니다.

유라시아 이니셔티브의 핵심은 물류입니다. 부산이나 인천에서 배를 통해 유럽에 물자를 실어 나르는 것보다 기차를 이용하면 비용이 적게 든다는 것이죠. 그러자면 강릉-제진의 동해선이 아니라 경부선에서 경의선, 평원선(평양-원산), 그리고 시베리아 횡단철도로 이어지는 노선을 이용하는 것이 편리합니다. 이미 경의선 철도는 연결되어 있기 때문에 남과 북이 이 노선을 개통하자고 하면 끝나는 문제입니다.

하지만 박근혜 대통령이 말한 동해선 연결 작업은 언제 마무리될지도 모릅니다. 철도가 지나가야 할 곳 중에는 이미 7번 국도로 편입된 곳도 있고, 심지어는 상권이 조성되어 있는 곳도 있습니다. 땅을 사들이고 철도를 까는 작업을 박근혜 대통령 임기 내에 완성할 수 있다는 보장도 없습니다.

러시아에서도 동해선과 시베리아 횡단철도를 연결하는 것은 경제성이 없다고 주장합니다. 경부선을 통해 서울과 개성을 거쳐 올라와야 물류 수요가 있습니다. 수요가 있어야 수익이 많이 나오는 것은 당연한 이치입니다. 동해선은 연결해봐야 주 목적이 관광입니다. 때문에 경제적 파급효과가 별로 없다는 분석입니다.

그런데 굳이 박근혜 정부가 동해선부터 먼저 연결하려는 이유는 무엇일까요? 끊어진 동해선을 연결하면 국제사회가 '남한이 통일을 위해서 노력하네.'라며 호응할까요? 아니면 한국 국민들과 북한 주민들의 마음을 울릴 수 있는 사업일까요? 제 눈에는 실질적인 진전은 없는 '퍼포먼스'를 벌이는 것으로밖에 보이지 않습니다.

시위하는

북한의
속내

러시아의 제2차 세계대전 70주년 전승 기념일인 2015년 5월 9일, 북한은 SLBM 사출 시험 성공을 발표했다. 이를 두고 미국은 북한의 SLBM 전력이 아직 완성 단계가 아니라고 평가했지만, 국내에서는 사드도 무용지물이 됐다면서 새로운 안보 자산을 도입해야 한다는 목소리가 나왔다.

그러나 정작 중요한 것은 SLBM의 성공 여부를 떠나 왜 북한이 이 시기에 이 실험을 공개했느냐다. 이에 대해 북한이 미국, 일본과 러시아에 각각 전하려는 메시지가 있기 때문이라는 분석이 나왔다. 미국과 일본에 대해서는 동해나 서해에 자위대가 나타나는 상황을 좌시하지 않겠다는 뜻으로 읽힌다. 러시아에는 '너희들 없이도 SLBM 사출 시험을 할 수 있다'는 것을 보여주기 위한 것이라는 진단이었다. 2015 0523

성공 여부보다 더 중요한 발표 시기

질문 북한이 2015년 5월 9일, 잠수함발사탄도미사일(SLBM) 사출 시험에 성공했다고 밝혔습니다. 북한은 정말 SLBM 발사에 성공한 것일까요?

일단 SLBM으로 가기 위한 초보 단계라는 것은 부인할 수 없습니다. 그럴 계획이 없었다면 사출 시험을 할 필요도 없기 때문입니다. 그런데 남한의 언론들은 마치 북한이 SLBM 개발에 성공한 것처럼 대서특필했습니다. 북한이 이미 SLBM을 보유했으니 이제 큰일이라는 생각을 할 수밖에 없도록 만드는 보도가 이어졌죠. 이런 보도 행태는 결과적으로 북한을 도와주는 일입니다.

물론 SLBM이 2차적으로 남한에 위협이 될 수는 있습니다. 정말 북한이 SLBM을 개발한다면 잠수함 안에 그런 위험한 무기를 싣고 다니다가, 언제 어디서 쏠지 모르기 때문에 긴장해야겠지요. 레이더로도 감지가 안 되는 지점에서 쏘니까 말입니다.

하지만 그게 말처럼 쉬운 일이 아닙니다. 우선 SLBM을 쏘려면 3,000톤급 이상 잠수함을 가지고 있어야 합니다. 북한이 아무리 플루토늄과 핵폭탄 기술을 가지고 있을지라도 이 정도 크기의 잠수함이 없으면 SLBM은 무용지물입니다. 그런데 이런 잠수함을 만들려면 다시 별도의 시간이 필요합니다. 한국은 돈으로 무기를 사는 입장이지만, 북한은 자체 개발해야 하지 않습니까.

또 SLBM은 물속에서 쏘는 것입니다. 당연히 지상에서 쏘는 것보다도 핵탄두가 경량화·소형화되어야 합니다. 일반적으로 SLBM에 실을 수 있는 핵탄두는 600kg 미만이 되어야 한다고 알려져 있습니다. 북한이 핵실험을 세 번 했다고 주장하고 있지만, 2006년에 했던 첫 번째 실험에서 폭발력이 원래 목표의 1/10 정도밖에 되지 않았다고 합니다. 그럼 나머지 두 번의 실험만으로 경량화·소형화를 달성했어야 합니다. 이게 가능할까요? 인도나 파키스탄의 선례를 놓고 볼 때 8~9번 정도의 핵실험이 필요합니다. 북한이 핵실험을 2~3년에 한 번씩 하고 있고 앞으로 5~6번을 더해야 한다고 계산해보면 짧게는 10년에서 길게는 18년까지 걸릴 수 있습니다.

중요한 것은 북한이 SLBM 사출 장면을 공개한 시기입니다. 북한이 사출 장면을 공개한 시점은 미일방위협력지침이 개정됐다고 발표한 이후입니다. 이 지침으로 일본 자위대는 미군의 후방 지원이라는 명분만 붙일 수 있으면, 동해나 서해 어느 곳도 마음대로 갈 수 있게 되었습니다. 이런 상황에서 북한은 사전에 이를 견제하고 엄포를 놓기 위해 SLBM 사출 실험을 한 것으로 보입니다.

북한은 미국에 이런 메시지를 전달하기를 원합니다. 미군이 일본 자위대를 데리고 인도양을 가든 지중해를 가든, 어디를 가도 상관없지만 북한 핑계를 대며 동해나 서해에 일본이 나타나는 꼴은 못 보겠다는 겁니다.

남과 북 모두 36년 동안 일본의 식민통치를 받았기 때문에, 일본에 대한 감정이 별로 좋지 않습니다. 우리 언론에서도 일본의 자위대가 남한의 지상이나 해역, 영공으로 출병하는 것을 걱정하고 있는 마당에 북한도 당연히 그럴 수밖에 없습니다.

미국은 전 세계 여러 곳을 관리해야 합니다. 따라서 작은 충돌이 국지전으로 번지는 것을 될 수 있으면 막으려고 합니다. 반면 일본은 경제 대국 지위에 걸맞은 군사 대국화를 세계 만방에 확실히 보여주고 이를 기정사실로 하려는 의도가 있습니다. 북한은 그것을 용납할 수 없다는 것이죠. 그런 뜻에서 수중 사출 시험을 진행한 측면이 있습니다.

공개한 날짜에 주목할 필요도 있습니다. 북한은 5월 9일 이 사진을 공개했는데, 이 날은 러시아에서 제2차 세계대전 전승 기념일 행사가 열린 날입니다. 러시아에도 전달하고 싶은 메시지가 있는 것 같습니다.

여기서 현영철 인민무력부장의 상황과도 연결지어 생각해볼 수 있습니다. 현영철은 김정은 국방위원회 제1위원장의 러시아 방문을 앞두고 사전에 러시아에 방문했습니다. 이때 북한은 러시아와 군사 기술 문제를 협조하려고 한 것 같습니다.

그런데 현영철은 러시아에 다녀온 이후 공식 석상에 모습을 보이지 않았습니다. 그가 뭔가 잘못해서 숙청됐다고 합니다. 어쨌건 완전히 처형된 것인지, 과거에 다른 간부들처럼 몇 달 동안 노동 교화형을 받고 근신하고 있다가 다시 돌아올지는 모르지만, 공식적인 자리에서 사라진 것은 분명합니다.

현영철 인민무력부장이 러시아와 SLBM 관련 기술 지원 문제를 논의하다가 이게 잘 풀리지 않아서 김정은 제1위원장이 러시아에 가지 않았다면, 북한은 시위적인 성격의 발사를 한 것일 수도 있습니다. '러시아 너희들이 기술 지원을 해주지 않아도 우리는 할 수 있다'는 것을 보여주기 위해 공개했을 수도 있습니다. 그리고 현영철을 잘라냄으로써 러시아에 대한 불만을 표시했을 수 있습니다.

대내적으로는 이런 행위들이 10월 10일 조선로동당 창건 70주년을 '성과적으로' 빛내는 하나의 과정이 될 수도 있었습니다. 10월에는 좀 더 높이 올라가게 만들어, 지난번보다 성능을 개선했다며 조선중앙TV 아나운서가 흥분한 목소리로 말하면 북한 지도부로서는 쓸 만한 70주년 기념물을 얻는 겁니다.

따라서 이런 일에 과잉 대응을 자제해야 합니다. SLBM 발사에 성공했다는 주장에 놀라 대북 군사 억제력을 강화하기 위한 새로운 무기를 갖춰야 한다며 심지어 사드(THAAD, 고고도 미사일 방어체계)도 소용이 없다는 이야기까지 나왔습니다. 우리가 이런 식으로 반응하면 북한은 '남한 사람들 가지고 놀기 참 좋다'라고 생각하지 않을까요?

실체적 진실을 정확하게 볼 수 있어야 합니다. 사출 시험을 할 때 옆에 예인선이 하나 발견되었습니다. 예인선은 왜 그 자리에 있었을까요? 잠수함이 제 힘으로 가지 못하고 예인선에 끌려가기라도 한 것일까요? 북한에 2,000톤급 신포 잠수함이 있다고 하는데, 여기서 쐈는지 아니면 예인선이 끌고 온 다른 시설이나 기구에서 쏜 것인지 확정지을 수 없는 상황인 것이죠.

북한이 협상력을 높이기 위한 군사적 행동에 착수할 때, 미국 인공위성이 지나가는 시간까지 알고 움직인다는 이야기가 있습니다. 군사적인 행동이 일부러 포착되게 하려는 것이죠. 구름이 끼거나 인공위성이 이미 지나간 시간 등에는 움직이지 않다가, 위성이 통과하는 시간에 손님맞이하듯이 시험을 진행합니다. 그렇기 때문에 북한이 시험했다는 시간대에 인공위성이 동해상으로 통과했는지, 다른 과학 정보 장치는 어떤 측정을 했는지 확인해볼 필요가 있습니다.

미국의 전문가들은 북한이 SLBM을 보유하는 것이 아직은 이르다고 판단합니다. 실체적임에도 불편한 진실이 아닌가 싶습니다. 보기에 따라서는 미국 내 군사 전문가들이 너무 입바른 소리를 한 것이기도 합니다. 이걸 잘 활용해서 대북, 대중 압박 구실의 명분으로 삼고 아시아 전략을 강화시켜야 하는데, 미국 국방부나 국무부, 백악관 입장에서 보면 이 전문가들은 실체적 진실을 이야기하는 철없는 집단이라고 생각하지 않겠습니까?

한국 외교를 영국이 걱정하다

질문 **북한의 SLBM 사출 시험 공개, 미일방위협력지침 개정 등 동북아의 긴장이 높아졌습니다. 중국도 국방 강화에 열을 올리고 있는 실정이고요. 중국은 앞으로 3년 동안 우리의 1년 국방비에 해당되는 400억 달러 정도의 국방비를 매년 늘리겠다는 보고서를 시진핑 주석에게 보고했다고 하던데요.**

그렇게 되면 동아시아에서 일본의 역할이 커질 수밖에 없습니다. 미국의 군사적·정치적·외교적 필요성을 충족시켜줄 수 있는 힘과 의지를 가진 나라가 일본밖에 없기 때문이죠. 미일방위협력지침을 격상시킨 이유이기도 합니다.

하지만 일본 자위대가 감히 중국을 핑계로 움직일 수는 없을 겁니다. 일본이 한반도 유사 상황에서는 출병해야 한다고 주장했는데, 여기서의 유사 상황은 북한 붕괴나 북한의 군사적 도발을 의미합니다. 일본은 한반도가 불안해지면 자신들에게 영향이 있기 때문이라는 명분으로 자위대의 해외 출병과 일본의 보통국가화를 추진하고 있죠. 일본 입장에서는 북한의 반발이 오히려 좋습니다. 북한 역시 일본이 그렇게 보고 있는 것을 알고 있기 때문에 허장성세를 부리는 측면도 있습니다.

심지어 나카타니 겐 일본 방위상은 북한이 미국을 때리면 일본이 나서서 미국과 함께 북한을 치겠다는 이야기도 했습니다. 언어적인 도발에 가까운데, 북한더러 화를 내라는 이야기입니다. 미일방위협력지침 개정 이후 자기들이 실력 행사를 할 수 있는 첫 이벤트로 북한을 생각하고 있는 것이죠. 일본은 미국에 '형님은 잠깐 계세요. 이 문제는 제가 해결하겠습니다.'라는 식으로 일을 벌여보고 싶다는 겁니다.

질문 미일방위협력지침으로 동북아의 군사적 긴장은 높아지고 있는데, 이런 부분들에 대해 우리 정책 담당자들의 혜안이 보이지 않습니다.

결국 동북아 지역의 군사적 긴장도가 자꾸 올라가고 있는 상황이고, 한국이 가운데 끼어 있는 셈입니다. 해양과 대륙이 붙으면 지진이 나든지 화산이 터지든지 하겠지요. 이런 상황에서 정부가 어떤 대책을 세우고 있는지 답답합니다.

2015년 5월 말 싱가포르에서 열린 아시아안전보장회의(샹그릴라 대화)를 주관하는 영국 국제전략연구소(IISS)의 팀 헉슬리 아시아 지부 이사가 "한국 정부도 입장(관점)은 있을 것 아니냐."라는 말을 했다고 합니다. 제3자가 볼 때도 대미 종속성이 심해 그런 이야기가 나오는 것 같습니다. 그런데 지금 외교안보팀이 기술이 없는 측면도 있습니다. 실제 미국에 대한 의존이 크다고 해도, '그러지 않은 척'은 할 수 있는데 그런 것을 못하고 있습니다.

미국의 요구를 들어주더라도 고민하는 모습을 보여야 합니다. 공개적으로는 거부 또는 반발하는 모양새를 취하고, 그러면서 뒤로 '도와주겠다. 대신 반대급부는 무엇이냐'며 대처하는 것이 더 실속 있는 것 아닐까요?

우리나라에서 기대할 수 없지만, 도쿄도 지사를 지냈던 이시하라 신타로와 '마쓰시다 정경숙'을 세운 마쓰시다 고노스케가 공저한《'NO'라고 말할 수 있는 일본》이라는 책이 있습니다. 출간 당시 굉장한 베스트셀러였다고 하는데, 그 책이 나오면서 미국이 일본을 만만하게 보지 않았을 것입니다. 이런 생각이 일본의 대세는 아니겠지만, 감히 미국에 대해 'NO'라고 말해야 한다고 주장할 정도가 된 것이기 때문입니다. 미국은 일본과의 관계가 잘못하면 어그러질 수도 있으니, 살살 다루자고 생각했을 것입니다.

이런 이야기가 한국에도 필요합니다. 한미 관계를 불편하게 만들자는 것이 아닙니다. 당파를 초월해서 지식인 중에 미국에 'NO'라고 말할 수 있는 사람이 많아진다면, 한국 정부가 미국과 협상을 하는 데 좀 더 유리한 고지에 설 수 있겠지요.

미국에서 말하는 '안보'는 국가방어개념이 아니라 국가이익을 증대시키는 세계경영 개념입니다. 미국은 안보라고 이름은 붙이지만 플러스알파가 더 큽니다. 우리는 정말 안보만 생각합니다. 우크라이나 사태 때문에 동유럽에 집중해야 한다면, 동북아 쪽은 안정적으로 관리한다든지 하는 식의 조율이 미국이 말하는 안보입니다. 그런데 우리 안보는 북한이 도발하면 원점을 때리겠다는 이야기만 합니다.

15

북한에게 개성공단은

2016년 5월 현재 개성공단은 폐쇄되어 있다. 2016년 초 북한의 4차 핵실험과 미사일 발사에 대한 한국 정부의 조치였다. 그러나 그전부터 오랜 기간 개성공단을 위협해온 것은 북한이었다.

북한은 문제가 생길 때마다 남측 인원을 철수시키거나 통행을 차단하는 등 개성공단을 정치적으로 이용해왔다. 2014년 12월에는 일방적으로 개성공단 노동자들의 연간 임금 상한선 5%를 철폐하겠다고 밝혔다. 앞으로 공단 노동자들의 임금을 북에서 독자적으로 결정하겠다는 통보였다. 이는 공단을 설립할 때 남과 북이 상의해서 공단의 개발과 운영을 진행하겠다는 합의를 위반하는 행위였다.

북한의 일방적인 행태를 두고, 북한에게 개성공단은 '남북협력의 소중한 자산'이 아닌, 이른바 '달러박스' 그 이상도 이하도 아닌 것 아니냐는 평가를 내리기도 한다. 북한이 남북 합의에 기초한 개성공단의 발전을 생각하기보다는, 긴장이 조성될 때마다 협상카드로 사용하기 급급했기 때문이다. 2014 1210

소탐
대실

북한은 2014년 12월 6일 대남 선전용 웹사이트 〈우리민족끼리〉를 통해 개성공단 노동자 임금 인상 상한선 연 5%를 철폐하겠다고 밝혔습니다. 개성공단의 인건비를 인상하겠다는 것인데, 일단은 외화가 필요하기 때문이었을 겁니다. 급전이 필요하니 일단 개성공단이라도 짜보자는 심산이었겠죠. 결론부터 말하자면, 이건 개성공단 개발을 시작할 때 남과 북이 합의한 원칙을 위반하는 행위입니다.

제가 통일부를 맡아 일하고 있던 2003~2004년 초, 개성공단 개발 공사를 시작하면서 개성공단 운영에 관한 협상을 병행했습니다. 그때 북한은 남북이 합의한 사항을 토대로 스스로 '개성공업지구법'을 만들겠다고 약속했습니다. 그리고 약속은 지켜졌지요. 10여 년 전 북한은 개성공단 노동자들의 임금은 연간 5% 이상 올려달라고 하지 않겠다고 약속을 했고, 그걸 법으로까지 규정했습니다. 우리 기업들의 개성공단 진출을 유도하기 위한 전략 차원이었을 겁니다. 그러던 것을 이제 와서 북한 마음대로 임금을 올린다? 개성공단 개발과 운영의 원칙을 위반하는 일입니다. 정부가 바로 문제제기를 하고 견제구를 날렸어야 합니다.

박근혜 정부가 임기 3년차로 접어들 때라 남북 관계 긴장을 완화시키는 방향으로 가려고 할 가능성이 있다고 판단한 조치일 수도 있습니다. 북한 입장에서는 한국 정부가 유연한 자세로 나올 때를 대비해서 고지를 선점한다는 차원의 전술을 쓴 것일 수 있습니다. 일단 지르고 보자는 계산이지요. 제로베이스에서 시작하는 것보다 인상만 된다면 먼저 질러놓은 안보다 임금 상승 폭이 다소 작더라도 남는 장사일 수 있으니까요.

물론 북한이 이렇게 나오게 된 이유가 공단에 진출한 기업 측에 있다는 분석을 하는 전문가들도 있습니다. 북측 입장에서는 개성공단에 진출한 남한 기업들이 큰 이윤을 거두고 있으면서도 엄살을 부린다고 생각할 수 있겠죠. 입주 기업이 북측에 세금을 안 내려고 뭘 숨기는 것 같은 낌새가 보이니까, 인건비를 인상하면 달러를 좀더 벌어들일 수 있다고 생각했을 수도 있다는 겁니다. 즉 북한은 '기업들이 더 많은 인건비를 지급할 수 있는 여지가 있다. 남쪽 당국과 합의하지 않고 밀어붙인다고 해도, 이미 개성에 기계설비가 다 있는데 기업 입장에서 별다른 수가 있겠나? 전단 문제로 남북 대화도 못하고, 그래서 남한 당국이 이러지도 저러지도 못하는 상황에서 해치우자' 하는 배짱으로 밀어붙이는 측면도 있을 겁니다.

사실 개성공단에 진출한 기업 중에는 제법 많은 이윤을 얻어가는 기업도 있다고 합니다. 하지만 언제 다시 출입 제한 조치가 나올지 모르는 불안한 상황이며, 모든 기업이 다 예상 밖의 수익을 거두는 것도 아니겠죠. 또한 기업 입장에서는 맑은 날에 장사하기 힘든 비 오는 날을 대비해야 합니다. 당연히 이득을 비축해놓고 엄살을 부릴 수도 있습니다. 이렇게 된 데에는 북한 책임이 큽니다. 북한이 개성공단 출입 문제를 가지고 한두 번 애를 먹인 것이 아닙니다. 개성공단에는 언제 또 몇 달씩 출입 금지 조치가 내려져, 막대한 손해를 볼지 모른다는 공포가 있습니다.

개성공단 운영의 지속 가능성이 보장되지 않고 있는 상황에서 기업이라면 유비무환의 자세가 필요하지요. 2013년처럼 출입이 막혀서 물건을 쌓아놓은 채 가지고 나오지도 못하고, 최악의 경우에는 쫓겨날 수도 있다고 해봅시다. 기업들이 '최악의 상황에 대비하는 차원에서 금고에 뭐라도 가지고 있어야 한다'는 생각을 하는 것은 당연합니다. 북한은 기업들의 이런 행태가 북한이 자초한 것이라는 생각은 하지 못하고, '법으로 뺏어볼까' 하는 생각만 하고 있을 수 있습니다. 당장 눈앞의 이익만 보고 움직이는 셈이지요.

이는 향후 북한 경제의 미래와도 직결되는 문제입니다. 이런 식이라면 추가적인 투자를 이끌어내기 힘들 것이기 때문입니다. 자기들 마음대로 임금 상승 상한선을 없애버리면 누가 개성공단에 들어가려고 하겠습니까?

북한이 이런 조치를 강행한다면, 이미 개성공단에 들어가 있는 기업들은 투자금이 아까워서라도 일단 울며 겨자 먹기로 얼마간 임금을 인상할 것입니다. 하지만 개성공단의 확대는 어렵고 더 이상 북한에 투자하려는 남한 기업이나 외국 기업은 나오지 않을 것입니다. 북한의 소탐대실(小貪大失)입니다.

개성공단은 기본적으로 남북 경제 교류협력의 현장입니다. 하지만 한국으로서는 남북 경제협력 심화를 통해서 군사적 긴장을 완화시키는 정책의 일환으로 개발하고 지원한 측면도 있습니다. 그런데 북한은 개성공단을 '달러박스'로만 여기는 것은 아닌가 생각될 때가 많습니다. 심지어 개성공단 진출 기업이 무슨 인질이나 되는 것처럼 취급하는 것 같아 보이기도 합니다. 북한이 거기까지밖에 생각을 못 한다면, 앞으로 북한은 자국의 경제 발전에 절대 필요한 외국의 투자 유치와 더 멀어지게 될 것입니다.

북한은 개성공단을 남북 경제 교류협력을 통한 외화벌이 수단으로만 보아서는 안 됩니다. 장기적인 안목에서 개성공단을 관리하고 발전시켜나가야 합니다. 개성공단에서 성공해야 북한이 남한 이외의 외국의 투자를 받을 수 있습니다. 북한이 경제 발전을 위해서 외국의 투자를 유치하려는 의지가 있는지, 그런 능력을 갖추고 있는지는 개성공단을 통해 다른 나라에게 선보일 수 있습니다. 그런데 일방적 조치를 취하면 다른 나라에서 북한에 투자하려고 하겠습니까?

북한이 세계가 지켜보고 있는 개성공단에 이런 수를 둔다는 것은 하나만 알고 둘은 모르는 행동입니다. 자충수(自充手)입니다. 설사 임금을 올리고 싶다면 남쪽과 합의를 해야 합니다. '북한과 거래하면 안 된다'는 생각만 제3국에 각인시키는 일이었습니다.

중국과 북한, 무엇이 달랐나

저는 한중 수교 전 1989년부터 중국의 여러 곳을 볼 수 있었습니다. 베이징, 상하이, 톈진, 선양 등의 대도시는 물론이고 중소도시도 볼 기회가 있었죠. 중국의 발전 속도는 숨 가쁠 정도였습니다. 그런데 사실 1970년대 말 중국이 개혁개방을 하기 전까지만 해도 북한이 중국보다 나은 편이었습니다. 재중 조선족 동포들이 북한으로 다시 돌아오는 흐름이 있을 정도였으니까요. 하지만 오늘날 북한과 중국은 엄청난 차이가 있습니다. 거의 40년 정도 북한이 뒤쳐졌다고 보면 될 것입니다. 북한은 1970년대 그대로 남아 있지만, 중국은 그 이후로 가파르게 상승했지요.

2012년 8월 초 북한과 중국의 국경 지대를 열흘 가까이 답사할 기회가 있었습니다. 국경을 접하고 있는 북한과 중국을 함께 보면서 북한은 언제 중국처럼 경제적으로 발전할 수 있을까 하는 생각이 많이 들었습니다. 2014년 12월 6일부터 8일까지는 중국 푸젠성 샤먼에서 열리는 국제회의에 다녀왔는데, 그곳에서도 북한과 중국의 격차를 보면서 많은 생각을 했습니다. 1980년대 초 중국의 대표적 개방도시였던 샤먼은 이제 서울 못지않습니다.

중국과 북한의 격차가 이렇게 벌어진 원인이 무엇인가 생각해봤습니다. 중국은 자본주의 국가들과 거래하는 데 있어서 지켜야 할 원칙과 외국의 투자를 유치하는 노하우를 제대로 알고 있었습니다. 그 덕분에 지금과 같은 경제 성장을 이룰 수 있었습니다. 그런데 북한은 기본적인 것들을 모르는 것은 둘째치고라도 성공사례를 배울 생각도 하지 않습니다. 그저 눈앞의 떡만 보고 욕심을 부리고 있습니다. 1990년대 초 나진·선봉 자유무역경제지대 개발을 위해서 외국 투자를 유치할 때, 북한은 투자자 입장은 고려하지 않고 요구만 늘어놓다가 결국 실패했습니다. 개성공단 임금 문제도 투자자 입장은 생각하지 않고 북한의 입장만 밀어붙인 대표적인 사례라고 할 수 있습니다.

2003년, 2004년 개성공단 개발을 본격화하면서 인건비 협상이 시작됐습니다. 당시 북측에서는 첫 협상에서 북측 노동자 1인당 월 300달러 정도를 주장했습니다. 제가 통일부 책임을 맡고 있던 때라서 협상단의 보고를 받고 우리 측 협상 대표에게 "지금 개성공단에 들어갈 기업들의 사정에 대해 북한 대표에게 정확히 알려주어야 한다."라고 말했습니다.

당시 개성공단에 들어갈 만한 기업들은 국내 인건비 상승의 압박으로 중국이나 베트남, 캄보디아로 나가는 것을 고민하는 중소기업들이었습니다. 국내 인건비를 달러로 환산했을 때 1,000~1,500달러 수준이었기 때문에, 기업들은 인건비가 100달러 전후면 노동자를 고용할 수 있는 중국의 연안도시 칭다오, 옌타이 등으로 옮길 계획이 있었죠. 그런데 중국도 경제력이 올라가면서 인건비가 상승했습니다. 이제 기업들은 중국보다 적은 인건비를 주고 노동자를 고용할 수 있는 베트남이나 캄보디아를 생각하고 있었죠.

이런 상황을 북한에 설명할 필요가 있었습니다. 저는 우리 측 협상 대표에게 북한에 다음과 같은 메시지를 전달하라고 했습니다. "개성공단을 성공시키고 싶으면 중국, 베트남, 캄보디아로 나가 있는 기업들이 개성으로 들어오도록 유도할 생각을 해라." 북한도 2000년대로 넘어오면서 사회주의 국가 중 개혁개방으로 경제를 발전시키고 있는 중국이나 베트남 등에 해외 연수단을 보낸 경험이 있습니다. 이미 시장의 시세를 알고 있었죠. 그럼에도 300달러의 임금을 요구하길래, 저는 우리 측 협상 대표에게 "우리 기업들이 진출해 있는 중국이나 베트남, 캄보디아 등을 다시 한 번 돌아보고 돌아와서 이야기하자."라고 북측에 제안할 것을 지시했습니다. 저임금 노동력을 공급하는 것이 원시자본이 없는 저개발 국가가 외화를 벌어들일 수 있는 경쟁력인데, 북한이 이걸 알고도 300달러를 부른 것인지 확인시키기도 했습니다.

그런데 이러한 대북 권고가 효과가 있었습니다. 시간이 조금 지난 뒤에 북한이 임금을 65달러에서 시작하겠다는 입장을 가지고 협상장에 나왔기 때문입니다. 이 정도면 나쁘지 않았습니다. 중국의 연안 도시들은 이미 임금이 130~150달러 수준이었기 때문에 중국의 절반 정도의 임금이라면 우리 기업들이 개성공단에 매력을 느낄 수 있겠다고 생각했습니다. 그래서 65달러에 합의하려고 했는데 북한이 얼마 후 다시 50달러부터 시작하자고 자진해서 나왔습니다. 그때 '아, 이 사람들이 말을 하면 알아듣는구나.'라고 생각했습니다. 인건비 문제가 개성공단 운영과 관련된 남북 협의사항 중 가장 난제였는데, 이 문제가 풀리고 나니 특별한 문제없이 협상이 진행됐습니다.

북한은 북한 전역에 13~14개나 되는 경제특구를 만들겠다면서 외국 투자를 유치하려고 노력하고 있습니다. 만약 북한의 경제특구에 들어갔다가 빼도 박도 못하는 상황이 됐을 때, 북한이 이번처럼 기업을 곤혹스럽게 만들 수 있다는 인상을 준다면 외부에서 투자가 들어오기 힘들어집니다.

최근 북한을 다녀온 사람들 말로는 북한 경제가 조금씩 나아지고 있다고 합니다. 물론 평양 주변 얘기지요. 그러나 근본적으로 외부로부터 투자가 들어오지 않으면 북한은 경제를 어떻게 하기 어려운 실정입니다. 북한에서는 '내부 예비'라는 말을 씁니다. 경제를 살리기 위해서 내부 예비까지도 총동원하자고 표현합니다. 공식적으로 파악되지 않은, 숨어 있는 자재나 자원을 찾아내서 경제 발전에 보탬이 되도록 하자는 것인데, 북한은 이제 이런 내부 예비까지 모두 써버린 상황입니다.

북한은 핵과 경제를 동시에 발전시킨다는 이른바 '병진노선'을 추구

한다고 합니다. 그런데 외부 지원이나 투자 없이 북한 내부 자원이나 재화만 가지고는 현실적으로 달성하기 쉽지 않은 목표입니다. 핵 문제가 해결되지 않은 상황이라 투자가 들어가기는커녕, 유엔안전보장이사회의 제재도 해제되기 어려운 상황이지 않습니까? 병진노선의 옳고 그름을 떠나서, 북한이 경제 건설을 제대로 하려면 외부 투자를 끌어올 수밖에 없습니다.

북한은 우리보다 지하자원을 많이 보유하고 있습니다. 이를 최대한 활용하기 위해서라도 외국 자본과 기술이 들어와야 합니다. 남한이 아닌 제3국도 북한에 투자해서 자원을 잘 활용할 수 있는지 판단하는 기준이 개성공단입니다. 개성공단을 어떻게든 매력적으로 만들어서 외국 기업도 개성에 들어갈 수 있도록 유도할 생각을 해야지, 마음대로 인건비 규정이나 고치려 든다면 북한에 투자할 제3국은 없어지는 겁니다.

개성공단
국제화로

가는 길

남한은 개성공단을 국제적인 공단으로 만들어야 한다고 강조한다. 통행·통신·통관 문제 등 이른바 '3통'을 해결하겠다는 입장도 밝힌 바 있다. 그러나 국제화와 관련하여 북한은 개성공단을 민족 내부 차원의 문제로 생각한다. 외국 기업 진입이 공단 설립의 애초 취지에 맞지 않는다는 논리다.

그런데 이보다 더 중요한 실질적인 문제가 있다. 북한이 공단 내의 노동자들 또는 북한 주민들에게 전면적으로 인터넷을 개방하면 체제 내에 심각한 부작용이 될 것이라고 판단하고 있다는 점이다. 이는 국제화와 불가분의 관계에 있는 3통과도 연결되는 문제이다. 2013 1104

북에게 개성공단이란

2013년 10월 30일, 외교통일위원회 국회의원들이 개성공단을 방문한 일이 있었습니다. 형식은 개성공단 관리위원회에 대한 국정감사였지만, 그 과정에서 북한 노동자들이 일하는 작업현장을 둘러보고 입주기업 대표단도 만났습니다.

의원들의 개성공단 방문 이후 여당에서는 개성공단의 국제화를 강조하고 야당에서는 3통(통행·통신·통관) 문제의 빠른 해결을 주문했습니다. 여야가 각각 다른 주문을 한 것 같지만 사실 공단의 국제화와 3통은 불가분의 관계에 있습니다.

북한은 개성공단을 2000년 6·15공동선언에 입각한 민족 내부 경제협력의 상징으로 봅니다. 그래서 최전방의 군사 대치 지역이었던 2,000만 평을 경제협력지대로 내준 것이죠. 북한은 민족 내부 경제협력을 통해 통일에 유리한 인프라를 구축해나가자는 뜻에서 개성공단을 남쪽에 내준 것이라고 설명해왔습니다.

실제로 6·15공동선언 4항에 "민족 경제의 균형적 발전"이라는 표현이 들어가 있습니다. 균형적 발전이라는 표현을 썼지만, 사실 북한은 남쪽이 북쪽을 도와주는 방식으로 북한 경제를 살려보자는 뜻으로 썼다고 봅니다. 남쪽의 기술과 자본을 가지고 북쪽의 경제를 활성화시키려는 목적으로 개성 땅도 내놓을 수 있었던 것이고요. 개성공단이 계획됐을 당시 제기되었던 군부의 반발도 김정일 당시 국방위원장이 민족 내부의 협조라는 명목으로 누른 것입니다. 북한은 민족 내부 차원의 문제로 생각하고 개성공단을 내주었는데, 우리가 그걸 자꾸 국제화하자고 하니까 원래 취지에 안 맞는다고 생각하는 것입니다.

개성공단을 처음 시작했을 때가 김대중 정부 말, 노무현 정부 초입니다. 당시 정부에서도 국제화 문제를 고민했습니다. 국제화가 되면 북한이 통행과 같은 부문을 임의로 좌우할 여지가 줄어들 것이라는 계산이었죠. 그래서 순수하게 외국 기업을 끌어들이기보다는 한국도 관여하는 다국적기업 정도면 되지 않겠냐는 생각도 했었습니다. 하지만 북한이 반대했습니다. 그래서 일단 국내 기업 위주로 사업을 진행시킨 것입니다.

국제화가 쉽지 않은 다른 이유도 있습니다. 우선 미국의 '대적성국교역법'(ERA) 문제가 있습니다. 이 법에 따르면 미국의 기술이 10%만 들어가도 그 기계는 미국 상무부의 승인을 받지 않으면 북한 지역으로 들어갈 수 없습니다. 심지어 남한은 북한에 펜티엄급 컴퓨터도 줄 수 없었습니다. 군사적으로 전용될 가능성이 있다는 이유에서였죠. 국제화라고 하면 외국 기업들이 개성공단에 고급 기술도 가지고 들어가야 하는데, 미국의 '대적성국교역법'이 길목에 버티고 있는 셈이죠. 물론 공단 설립 초기에 남한 기업이 들어갈 때는 어렵사리 미국 상무부에 승인을 받아서 기계를 넣을 수 있었습니다. 미국 상무부에 사정사정해서 승인을 받았던, 서글픈 일입니다.

이런 사정을 잘 모르는 김정일 위원장이나 북한 당국자들은 개성공단에 대해서 불만이 많았어요. 개성공단에 하이테크 산업은 들어오지 않고 무슨 냄비나 만들고 바느질만 한다고 말이죠. 하지만 이건 저임금 노동력이 북한의 경쟁력이라는 현실을 모르고 하는 얘기입니다. 현실적으로 북한의 저임금 노동력을 활용하려는 외국 기업이 몇이나 되겠습니까. 일본이나 미국, 유럽에는 아마 없을 겁니다. 지리적 인접성 때문에 물류비를 절감할 수 있는 한국 중소기업들에게는 북한의 저임금 노동력이 경쟁력 있지만, 멀리 떨어져 있는 외국 기업들에게는 개성공단이 큰 매력을 줄 수 없겠죠.

2013년 8월 14일 개성공단 정상화 합의 때 북한도 공단의 국제화를 받아들이긴 했습니다. 단 한국의 요구를 받아들이지 않으면 북한이 필요로 하는 일들이 해결되지 않을 것 같으니까 일단 국제화에 합의한 것으로 보입니다. 즉 국제화에 대한 반대급부를 생각했을 겁니다.

개성공단 국제화의 필요 요건들

국제화를 하려면 일단 외국 기업이 들어와야 합니다. 이를 위해서는 우선 3통 문제가 해결되어야 합니다. 외국 기업이 자유롭게 통행하고, 본사와 자유롭게 통신할 수 있어야 하며, 원부자재를 갖고 들어갈 때나 완제품을 갖고 나올 때 쉽게 드나들 수 있어야 합니다.

통행·통신·통관의 3통 문제를 해결하기 위해서는 북한이 '3통 문제를 해결하지 않으면 안 되겠다'는 생각이 들도록 해야 합니다. 뒤집어 이야기하면 3통 문제가 해결되면 북에 이득이 돌아올 수 있다는 비전을 북한에 보여줘야 합니다. 2016년 2월 개성공단을 폐쇄하기 전에도 정부는 현재 입주한 123개의 기업 외에 추가로 개성 진출을 못 하도록

막혀버린 개성공단

북한의 경제 발전을 위해서는 외국 기업의 투자가 필수적이고
이를 위해 통행·통신·통관 문제가 선결되어야 하지만,
우선 '남한과의 3통'이 더 시급한 일인지도 모른다.
북한이 4차 핵실험을 실시한 2016년 1월, 개성공단 출입경이 제한되자
한 육군 장병이 통일대교 남단을 폐쇄하고 있다.

막고 있었습니다. 또 기존 기업의 추가 투자마저 허가하지 않았죠. 그러면서 3통 문제는 해결하자고 주장했으니 북한이 협조를 안 한 겁니다. 북한 입장에서 볼 때는 별다른 이득이 없다고 판단하는 것입니다.

특히 북한 입장에서는 통신의 자유화가 북한 체제에 미치는 여러 부정적 파급효과를 막을 대책 마련이 상당히 중요한 문제입니다. 당시 김정일 국방위원장도 인터넷과 휴대전화를 공단에 허용하면 남한 기업들에게 도움이 된다는 것을 알고 있다고 얘기했습니다. 단 그것은 공단 내 남쪽 기업과 관계자들에게만 허용되어야 한다는 입장이었습니다. 공단 내 노동자들이나 개성공단 이북 북한 주민들에게까지 인터넷이나 휴대전화의 부작용이 파급되는 것은 심각한 문제라는 것이죠. 북한이 이렇게까지 두려워하고 있다면, 그 두려움을 능가할 수 있는 이득과 보상이 주어져야 3통 문제 해결에 나설 것입니다. 북한이 체제에 미치는 부정적인 효과를 감수하고서라도 받아낼 수 있는 반대급부가 크면, 3통 문제 해결도 가능할 것입니다. 당위론적으로만 접근해서는 3통 문제가 해결되기 어렵습니다.

이런 반론이 나올 수 있습니다. 기업 입장에서는 투자하라고 해서 투자를 했는데, 3통도 보장도 안 해주면 어떻게 하냐는 것이죠. 그런데 이는 남북 관계의 현실, 그리고 북한이 갖고 있는 남한에 대한 방어적인 심리를 모르는 반론입니다. 북한은 개방을 하다 보면 자유주의 바람이 들어올 수 있다고 봅니다. 시장경제가 완전히 판치는 것도 우려합니다. 그래서 자본주의의 돈만 들어오고, 풍조는 들어오지 말라는 이른바 '모기장 이론'을 견지하던 시절도 있었습니다. 1990년대 초반 나진·선봉 개발을 추진하던 시절 이야기이니 지금은 조금은 달라졌을 겁니다. 하지만 기본적으로 김정은 시대에도 3통, 특히 통신에 관한 한 방어적인 입장은 김정일 시대와 큰 차이가 없을 겁니다.

북한의 이러한 피해의식과 체제 위해 요소를 걱정하는 심리를 감안할 때, 북한이 통신 문제에 대해 적극적으로 나오도록 유도하려면 반대급부가 있어야 합니다. 반대급부는 다른 것이 아닙니다. '3통이 되면 기업이 많이 들어간다', '북한 노동자들의 고용이 확 늘어난다', '인건비 형식으로 외화가 지금보다 훨씬 많이 들어온다'는 전망입니다. 이런 비전이 보이면 북한도 통신에 대비하는 대책을 세우고 3통 문제를 해결하려 할 것입니다.

하지만 더 우선적인 과제가 있습니다. 2010년 이명박 정부 때 나온 5·24조치의 해제입니다. 물론 지금이야 개성공단 가동이 전면 중단되어 있는 게 더 문제입니다만, 다시 가동된다고 해도 근본적으로 5·24조치의 해제가 없으면 개성공단의 국제화도, 3통 문제 해결도 안 됩니다. 기업 투자 활성화와 국제화를 달성하는 입구이자 전제조건입니다. 5·24조치 문제를 비켜갈 수 없습니다.

해제든 수정이든 더 늦기 전에 서둘러야

정부가 원하는 국제화는 3통 문제가 풀려야 한 발짝 앞으로 나아갈 수 있습니다. 3통 문제가 해결되지 않는데 어떻게 외국 기업을 유치하겠습니까. 우리 입장에서야 북한에 '투자 유치로 너희들 경제 활성화시키고 싶으면 기반을 조성해라.'라고 말할 수 있습니다. 하지만 북한이 거기까지 생각이 미쳤으면 문제가 제기되기 전에 먼저 해결했을 겁니다. 북한은 생각이 그렇게 앞서가지도 않고, 행동이 민첩하지도 않습니다.

한 가지 더 짚어볼 것은 우리 정부의 태도입니다. 북한이 중국 베이징에서 2013년 11월 6일부터 대규모 투자 설명회를 열었습니다. 그런데 한국 정부가 한국인의 참여를 사실상 불허했다고 하더군요. 왜 그러는지 모르겠습니다. 공단의 국제화를 위해서는 북한 당국이 하는 이야기도 직접 들어볼 필요가 있습니다. 외국 기업을 개성공단에 끌어들여야겠다는 생각이 있으면 외국 기업들에게 북한이 무엇을 어떻게 설명하는지 알아두어야 하는 것 아닌가요? 그러면 우리 기업들도 뭘 좀 알아야 컨소시엄 형태로 들어가든, 다국적기업을 만들든 방안을 찾을 수 있을 것 아닙니까. 개성공단 국제화에서 제3국에 대한 북한의 투자유치정책은 필수 요건입니다.

5·24조치 해제가 먼저라는 말씀을 드렸는데, 5·24조치는 천안함 피격 사건을 계기로 내려졌고 천안함 사건에 대한 진실 규명은 현실적으로 많은 시간을 요구할 겁니다. 한국 정부는 분명히 북한의 소행이라고 주장하지만, 북한은 자신들이 한 일이 절대로 아니라고 했던 사건이 천안함 외에도 꽤 있습니다. 대표적인 것이 1987년 말 대선 직전의 KAL기 폭파 사건입니다. 이 사건은 명명백백한 증거가 있음에도, 북한이 자기들 소행이 아니라고 했습니다.

그런데 KAL기 폭파 사건으로 남북 관계가 막혔던 적이 있었나요? 노태우 정부 들어오면서 1988년 7월 7일, 7·7선언을 통해 중국, 소련과의 관계는 물론 남북 관계 개선을 추진했습니다. 그러면서 사실상

KAL기 폭파 사건에 대한 면죄부를 준 셈이 되었습니다. 이후에는 남북 관계를 잘 발전시키기 위해 총리급회담도 성사시켰고 남북기본합의서까지 만들어냈습니다.

또 하나의 사례로 1983년 10월 9일 '버마 랑군(양곤) 사건'이 있습니다. 이 사건 때문에 17명의 외교 사절이 폭사했고, 전두환 전 대통령도 사망할 뻔했죠. 당시 버마 당국이 범행 용의자를 바로 체포했고, 재판 과정 끝에 북한 소행이라는 것이 분명히 드러났습니다. 하지만 당시에도 북한은 남한의 자작·자연극(自作·自演劇)이라고 억지를 부렸었습니다. 그런데 이듬해 4월, 북한이 LA올림픽 단일팀 구성을 위한 체육회담을 제안했습니다. 전두환 정부는 이 회담을 받았고, 사건에 대한 책임 논쟁은 사실상 끝났습니다. 권위주의 군사정권이고 대북 강경파였던 전두환 정부도 사건 반년 만에 면죄부를 주면서, 더 큰 국가이익을 위해서 남북 관계를 어떻게든 풀어보려고 했던 것입니다.

5·24조치는 이명박 정부 때 나온 것입니다. 천안함 사건에 대한 실체적 진실은 시간이 흐른 뒤에야 밝혀질 것입니다. 따라서 현 정부는 이명박 정부가 만든 5·24조치부터 풀어야 합니다. 이명박 정부가 해놓은 것에 박근혜 정부가 왜 구속되어야 합니까? 과거 전두환 정부는 같은 정권 내에서도 풀었고, 후계자처럼 정권을 계승했던 노태우 정부에서도 풀어버렸는데, 이명박 정부를 계승한 것도 아닌 박근혜 정부가 5·24조치에 왜 영향을 받는 것인지 모르겠습니다.

남한,
외교의 실종

전작권을 둘러싼 지루한 역사

이명박 정부 때 한 차례 연기됐던 전시작전통제권 환수는 박근혜 정부에서 또다시 연기되었다.

한국은 1970년대 박정희 대통령 시절부터 전시작전통제권 환수를 시도했지만 번번이 뜻을 이루지 못했다. 박정희 대통령은 푸에블로호 나포 사건 이후 작전통제권을 되찾아와야겠다는 결심을 굳힌 것으로 보인다. 이후 '자주국방'을 추진하며 국방예산을 높여갔다. 노태우 대통령 역시 작전통제권 환수를 공약으로 내걸었고, 김영삼 대통령 시절에는 평시작전통제권을 찾아오면서 반쪽이나마 작전권이 환수됐다.

그러나 전시작전통제권은 여전히 미국의 손에 있다. 2010년 연평도 포격 사건과 같은 북한의 도발에 제대로 대응하지 못하는 이유가 전작권의 부재에 있음에도, 보수 정부 10년 동안 전작권 환수는 지속적으로 미뤄져 왔다. 2013 0805

작전통제권 환수 연기, 지루하게 반복된 역사

작전통제권 환수는 사실 박정희 대통령 때부터 시작되었던 일입니다. 한국전쟁이 발발한 뒤 한 달도 안 된 1950년 7월 14일, 이승만 대통령이 한국 군대의 운용에 관한 모든 권한을 클라크 주한미군사령관에게 넘겨주었습니다. 그 후 박정희 대통령이 작전통제권 환수에 대해 생각하게 된 계기가 있었습니다.

1968년 1월 21일 김신조 등 북한군 특수병력 31명이 청와대를 습격하려던 사건이 발생합니다. 대통령을 살해하려 했으니 엄청난 사건이었죠. 당연히 우리는 보복을 하려 했지만, 작전통제권을 가지고 있는 미국은 미동도 하지 않았습니다. 그런데 그 이틀 후인 1월 23일 미 첩보함 푸에블로호가 원산 근해에서 정보수집 활동을 하다 북한에 나포되는 사건이 일어났습니다. 그러자 미국은 곧바로 항공모함을 급파하고 전투기를 동원하는 등 무력시위를 하면서 북한을 위협했습니다. 물론 북한은 그 배를 돌려주지 않았습니다만, 한국 대통령이 죽을 뻔했던 사건에는 우리 측 군사행동을 자제시키면서 미국의 첩보함이 나포되니까 요란하게 군사행동을 하는 걸 보며 박정희 대통령과 당시 군 지도부가 어떤 생각을 했을까요.

박정희 대통령의 공과에 대해서 여러 이야기를 할 수 있지만, 미군 수중에 있던 우리 군의 작전통제권을 찾아와야겠다고 생각하고, 자주국방의 기치를 높이 내걸고 군사력을 강화해나간 것은 높이 평가해야 합니다. 국민의 안보를 책임지는 군통수권자로서 책임감과 자주의식이 있었던 것이죠. 군사주권이 없는데 무슨 국가주권을 똑바로 세울 수 있겠습니까? 국가주권의 핵심은 군사주권입니다. 그 다음이 경제주권이나 외교주권, 문화주권의 순서가 되겠죠. 나라가 주권을 잃어가는 순서 아닙니까? 조선 말, 우리는 그 순서대로 주권을 일본에 내주었습니다.

1960년대 말 1970년대 초, 한국이 군사주권을 찾아오기 위한 노력을 하게 만든 것은 미국입니다. 1·21 사태 때는 미동도 않고 한국 정부에게 자제할 것을 요구하던 미국이 자국 배가 나포되자 군사적 조치를 취하려고 하는 것을 보고, 지도자가 군사주권 회복을 결심하지 않는다면 정상이 아니죠. 그래서 박정희 정부는 1972년경부터 '자주국방'을 추진하기 시작했습니다. 그때부터 국방예산을 대폭 늘리고 박정희 대통령이 친필로 쓴 '자주국방' 입간판을 국방부 옥상에 높이 세워 놓았었습니다. 서울역이나 남산에서 보면 한눈에 들어올 정도로 컸어요. 한때는 우리 국방비가 국가 예산의 20~30%에 이르기도 했습니다.

그리고 40년이 넘는 세월이 흘렀습니다. 그동안 북한은 경제적으로 160위권 국가로 전락했고, 한국은 G15 반열에 올랐습니다. 북한 GDP 총액이 우리 국방예산의 1/3 정도 될 것으로 추산합니다. 한국의 군사투자비는 지금 세계 10위권이고 병력도 그 수준입니다. 그런데 북한이 핵실험을 세 번 했다고 해서 사실상 핵을 가진 걸로 전제하고는, 주한미군사령관이 계속 우리 군대를 지휘해야 한다고 합니다. 박정희 대통령 밑에서 군 지휘관을 지내고 국방부 고위직을 지낸 분들이, 지금 와서 아직도 우리 힘만으로는 북한을 막을 수 없으니 미군이 계속 우리 군사주권을 행사해주어야 한다고 주장하고 있습니다. 만약 박정희 대통령이 살아 돌아온다면 통곡할 일입니다.

노태우 대통령 후보의 공약, 작전통제권 환수

1987년 대선에서 노태우 후보가 작전통제권을 찾아오겠다는 공약을 내걸었습니다. 4성장군 출신인 노태우 후보가 작전통제권을 찾아오겠다고 한 것은 '찾아와도 되겠다. 찾아와도 별일 안 난다.'라는 판단을 했기 때문입니다. 즉 작전통제권을 한국군이 갖고 있어도 북한이 도발할 가능성이 높지 않다고 본 것입니다. 현실적으로 작전통제권이 우리에게 넘어와 있다면 북한이 소규모 도발도 함부로 못 할 겁니다. 우리가 바로 반격을 가할 수 있으니까요. 전시작전통제권이 우리에게 있었다면, 지난 2010년 북한의 연평도 포격도 없었을 겁니다.

1987년 대선 당시 노태우 후보로서는 1968년 1·21 사태 때 미국이 우리의 군사행동을 제지했다는 사실을 알고 있었겠지요. 1983년 10월 양곤 폭파 사건 때 전두환 대통령이 북한에 대해 군사적 보복 조치를 취하려 했지만, 미국이 제지하는 것도 목격했을 겁니다. 북한의 도발과 군사적 위협을 막고 필요한 응징을 적시에 하기 위해서는, 우리에게 작전통제권이 있어야겠다는 생각을 했을 것입니다. 중요한 정책이었으니 대선 공약으로 내세웠던 것이고요.

그런데 막상 대통령이 되고 나서는 그 공약을 이행하지 못했습니다. 그걸 추진할 수 있을 만한 힘이 없었던 것 같습니다. 하지만 작전권 환수를 공약으로 내걸었다는 사실은, 그때부터도 한반도의 군사적 상황은 이미 작전통제권을 환수해도 별 문제 없을 정도였다는 것을 의미한다고 봐야 합니다.

평시작전통제권만 환수하고도 '제2의 창군'

1994년 김영삼 정부 시절에 작전통제권 문제가 부분적으로 해결됩니다. 1994년 12월 1일부로 한국의 합참의장이 우리 군에 대한 평시작전통제권을 환수했습니다. 전시작전통제권은 아직 주한미군사령관 수중에 있었고 평시작전통제권만 환수했음에도 김영삼 대통령은 "44년 만에 작전권을 환수한 것은 우리 자주국방의 기틀을 확고히 하는 역사적 사실이며 제2의 창군(創軍)이라고 할 수 있다."라면서 기뻐했습니다. 김영삼 대통령은 보수 정치인이지만, 박정희 대통령 때부터 우리나라 주권과 관련해서 비원(悲願)처럼 내려왔고 노태우 대통령 후보가 대선 공약으로 내걸 만큼 중요한 과제였던 작전통제권 환수, 그것도 절반의 환수밖에 안 되는 평시작전통제권 환수를 그렇게 높이 평가했습니다.

전시작전통제권 환수 연기를 이야기하면서 북핵 문제를 명분으로 다시 내세웠는데, 한국과 미국 사이에 평시작전통제권 환수 문제가 논의되던 시점에도 북핵 문제는 있었습니다. 1993년 3월 북한이 핵확산금지조약(NPT) 탈퇴를 선언하면서 1차 북핵 위기가 터졌습니다. 그럼에도 미국이 평시작전통제권을 한국에 반환한 것은, 그렇게 해도 별일이 없을 거라고 판단했기 때문이겠죠. 평시작전통제권을 한국이 돌려받아도 북한이 전면전을 일으킬 가능성이 없다고 본 겁니다. 당시 북한은 경제적으로 마이너스 성장을 하고 있을 때였고, 그 정도 경제력이라면 전쟁 지속 능력은 물론 전쟁 도발 능력도 없을 것이라고 본 것이죠.

우리 국방부는 1994년 12월 1일 평시작전통제권을 환수해온 이듬

해인 1995년에, 2000년까지 전시작전통제권까지 환수하겠다고 발표했습니다. 막연한 기대감으로 그런 발표를 했을까요? 미국에서 그런 분위기가 조성되었고 우리 국방부는 그것을 감지했을 겁니다.

미국으로서는 '한국의 군사력도 이제 커졌는데 우리(미국)가 평시작전통제권까지 가지고 있으면서 한반도에 발이 묶여서 되겠는가?'라고 판단했을 겁니다. 그런 판단과 계산이 있었기에 그로부터 10여 년이 지난 부시 정부 시절 주한미군을 아시아의 신속기동군으로 재편하기 위해 전시작전통제권도 한국에 돌려주자는 이야기가 나왔을 겁니다. 한국의 국력이 북한에 비해 월등히 커졌기 때문에 문제가 없을 것이며, 또 국제정세를 보더라도 러시아나 중국이 북한을 적극적으로 지원하지 않을 것이었기 때문이죠.

김영삼 정부 지나고 김대중 정부 시기 남북 화해협력정책을 추진하면서 남·북 간에 화해무드가 조성되었지만, 1998년 8월에 '금창리 지하 핵시설 의혹' 사건이 터졌습니다. 미국의 군산복합체가 북한과 미국의 화해 분위기를 흐리기 위해 언론에 정보를 흘린 것이었을 겁니다. 클린턴 정부와 김대중 정부의 대북 화해정책을 반전시키려는 일종의 음모였다고 볼 수 있어요. 하지만 북한이 8월 말에 일본 열도 상공을 가로질러 태평양 쪽으로 1,600여 km 중거리 로켓을 발사했습니다. 지하 핵시설 의혹으로 가뜩이나 국제여론과 대북정서가 악화되어 있는 마당에 북한이 참으로 물색없는 짓을 했지요.

이 두 사건으로 미국의 대북정책을 전면 재검토하기 위해 페리 대북정책 조정관이 임명되었습니다. 그가 주도해서 판을 새로 짜야 하는 상황이 되었기 때문에, 김대중 정부에서는 전시작전통제권 환수를 이야기하는 것이 적절치 않았습니다. 오히려 '페리 프로세스'를 통해 한반도 냉전 구조를 해체하는, 전시작전통제권 환수보다 더 큰 그림을 그려야 했기에 굳이 작전권 얘기를 할 필요가 없었다고 할 수도 있습니다.

미국의 강경파 국방장관이 인정한 전시작전통제권 환수

부시 정부가 북핵 포기를 유도하기 위해 대북 압박을 강화해가던 2006년 10월, 북한은 1차 핵실험으로 대응했습니다. 그런데 북핵 문제가 해결되지 않았을 뿐 아니라 북한이 1차 핵실험까지 한 이후인 2007년, 한국과 미국 국방 당국은 중대한 결정을 내립니다. 1950년 7월 14일 주한미군사령관에게 넘어갔던 한국군에 대한 전시작전통제권을, 2012년 4월 17일부로 한국이 환수한다는 데 합의한 것이죠. 7월 14일에 넘어갔기 때문에 그 숫자를 뒤집어 놓은 4월 17일에 환수하기로 했습니다.

이런 결정을 했던 미국의 국방장관은 럼스펠드였습니다. 럼스펠드는 북핵 문제에 대해서 가장 강경한 입장을 가지고 있었을 뿐 아니라, 동맹국의 요구도 미국의 국익에 맞지 않으면 가차 없이 내치는 강경파였습니다. 시기적으로는 북한이 핵실험에 성공한 뒤 북한의 핵 위협론이 고조되던 때였습니다. 이런 상황에서 럼스펠드가 이끄는 미 국방부가 전시작전통제권을 한국에 반환하기로 했던 것은, 북한의 군사 능력에 대한 미국의 냉정한 판단이 있었기 때문이라고 보아야 합니다.

미국은 지금 북한 군사력이, 핵과 미사일을 제외하면 남한의 40%

정도 되는 걸로 보고 있습니다. 즉 남과 북이 단독으로 대치한다 해도 남한의 군사 능력으로 북한의 도발을 충분히 막아낼 수 있다고 보는 것이죠.

북한의 실력을 미국도 알고 있는데, 북한 군사력을 핑계로 전시작전통제권 환수 연기를 주장하는 것은 말이 되지 않습니다. 이제는 북한이 핵무기를 갖고 있기 때문에 전시작전통제권을 찾아오면 안 된다고 주장하는 사람들이 있습니다. 북의 핵 위협에 대한 판단이 부시나 럼스펠드 같은 네오콘보다 강한 사람들이 또 있나요? 그들이 전시작전통제권 환수에 합의한 2007년에 그로부터 6년 후, 또는 10년 후의 상황을 예측하지 못했을까요? 미국은 타국의 국력을 분석하고 평가하고 전망하는 데 세계 최고의 정보력과 기술을 가지고 있는 나라입니다.

또한 주한미군사령관이 한국군에 대한 전시작전통제작권을 갖고 있는 상태에서는 미군의 신속기동군화가 어렵다고 판단하지 않았나 싶습니다. 한반도 외부에 미국이 개입해야 할 사태가 발생하면 주한미군을 파견했다가 해결되면 돌아오고, 또 일이 생기면 내보내는 식으로 주한미군을 활용하려는 전략을 짰겠죠. 중국을 견제하기 위해서라도 전시작전통제권을 한국에 돌려주려고 했을 것입니다. 미국의 신속기동군이 중국 외곽에서 움직이면서 압박을 할 수 있기 때문이죠.

질문 그렇다면 박근혜 정부에서 전시작전통제권 환수 연기를 추진한 진짜 이유는 무엇이라고 봐야 할까요?

국내정치라고 봅니다. 국내정치를 보수화시켜 앞으로 진보 진영의 정권 장악을 원천적으로 봉쇄하려는 큰 그림의 일환이겠지요. NLL 문제를 터뜨려서 노무현으로 상징되는 진보 진영에 국정을 맡기면 큰일 난다는 인식을 국민들에게 심으려고 했던 것과도 맥이 닿아 있다고 생각됩니다. 문제는 이런 식으로 전시작전통제권 환수 시기가 늦어지면 북핵 문제 해결을 위해 반드시 해결해야 할 평화협정 체결이 꼬인다는 겁니다. 정전체제하에서 주한미군사령관에게 넘어간 작전통제권을 미국이 그대로 갖고 있는 것은, 정전체제를 현재 상태로 유지한다는 의미입니다. 기왕에 2012년으로 예정했던 환수 시점을 무기한 연기했는데, 그렇게 되면 북핵 문제 해결의 핵심 요소인 평화협정 체결 문제는 적어도 앞으로 4~5년간은 논의조차 시작하지 못하게 될 겁니다. 물론 그 틈새 시간에 북핵 능력이 더 커지는 것은 불을 보듯 뻔한 일입니다.

왜 사드를

거절하지
못할까

2015년 3월, 사드의 한반도 배치 여부가 쟁점으로 떠올랐고 5월에는 존 케리 미 국무장관이 공개적인 자리에서 처음으로 사드 배치를 언급하여 논의에 불을 지피기 시작했다. 여기에 랭크 로즈 미 국무부 군축·검증 담당 차관보가 "한반도에 사드 포대의 영구 주둔을 고려하고 있다."라는 발언을 하며 사드 배치 논의가 기정사실화되었다.

사드 배치 문제가 수면 위에 떠오른 계기는 스캐퍼로티 주한미군사령관의 발언 때문이었다. 그는 2014년부터 한국에 사드 배치를 요청했으며, 한국 내 5개 지역을 대상으로 부지 조사를 진행했다고 밝혔다. 이에 우리 정부는 이른바 '3NO' 대응으로 일관했다. 사드 배치를 미국에 요청한 적도 없고, 미국과 협의한 적도 없으며, 어떤 결정도 내리지 않았다는 것이다. 그러나 정부의 설명이 무색하게, 사드 제작사인 미국 군수업체 록히드마틴사가 한국과 미국 사이에 사드 배치를 두고 공식·비공식적으로 의견 교환이 있다고 밝혀 파장이 커졌다. 2015 0318 2015 0606

사드와 중국

정세현〉〉 2015년 3월, AIIB와 함께 이슈가 된 것이 한반도 내 사드 배치 문제입니다. 박근혜 정부는 이른바 '전략적 모호성'이라는 것을 바탕으로 시간을 끈 것 같습니다. 그러나 전략적 모호성을 유지하는 것보다 선을 긋는 것이 필요합니다. 소모적인 논쟁은 국민들에게 피로감을 안겨줄 뿐만 아니라, 제대로 해야 할 일도 못하게 되는 결과를 초래할 수 있습니다. 경제도 좋지 않다는데, 사드 신경 쓸 시간에 국민들 살림살이에 보탬이 되는 정책을 추진하는 것이 정권에도 더 이로운 일 아니겠습니까?

중국은 지속적으로 사드 배치에 대한 우려를 표시해왔습니다. 그리고 점점 더 강도를 높이고 있습니다. 2015년 2월 4일 중국 창완취안 국방부장은 한민구 국방부 장관과 가진 한중 국방회담 자리에서 사드의 한반도 배치에 우려를 표명했습니다. 3월 16일 방한한 류젠차오 중국 외교부 부장조리는 사드에 대한 중국의 우려를 중시해달라는 표현을 썼습니다. 우려에서 한 발짝 더 나간 것이죠. 일종의 경고라고도 볼 수 있습니다.

중국이 이렇게 강경하게 나왔던 것은 한국과 미국이 물밑으로 진행하는 일을 간파했기 때문인 것으로 보입니다. 박근혜 정부는 전략적 모호성이라는 명목 아래 '3NO'(No Request, No Consultatoin, No Decision), 즉 미국으로부터 요청이 없었기 때문에, 협의도 없었고, 결정된 것도 없다고 밝혔습니다. 하지만 중국은 한국 내 사드 배치가 많이 진척된 상황이라고 판단했던 것 같습니다. 중국의 정보망이 한·미 간 물밑 협의 정도도 파악하지 못할 수준이 아니라는 점을 생각해보면 더더욱 그렇습니다.

한국과 미국의 협의가 수면으로 떠오르기도 전에 중국이 자꾸 압력을 행사하니까, 대니얼 러셀 미 차관보가 류젠차오 부장조리가 방한한 바로 다음 날 부랴부랴 한국으로 들어오지 않았습니까? 이미 사드 배치 문제의 공론화가 시작되었던 겁니다.

사드의 실체

정세현〉〉 그럼 박근혜 정부는 사드를 도입해야 할까요? 우선 사드가 미국과 중국에 어떤 의미를 갖는 무기체계인지를 알아야겠지요. 대응은 여기에 맞춰서 진행하면 됩니다.

우선 미국 입장에서 한반도 내 사드 배치는 미국의 중국 견제전략에서 '플러스 알파' 정도의 의미를 가집니다. 미국 본토에 있는 사드는 국내용이고, 괌에 배치한 것이 중국 견제용입니다. 이 장비는 레이더 탐지 범위가 2,000km입니다. 때문에 괌에 배치된 장비로는 중국의 동북 3성을 비롯해 주요 거점 지역을 커버하지 못합니다. 하지만 한국에 배치된다면 이야기가 달라집니다. 중국의 수도인 베이징을 비롯해 동북 3성, 심지어는 러시아의 극동 시베리아 지역까지 감시할 수 있습니다. 이렇게 되면 미국은 동북아 지역에서 군사적 우위를 계속 유지할 수 있습니다.

만약 사드를 한반도에 배치하지 않는다고 해서 미국의 핵심이익이 깨지는 것은 아닙니다. 하지만 중국은 그렇지 않습니다. 중국은 한국에 사드가 배치되는 순간 핵심이익에 타격을 받습니다. 주요 거점 지역이 미국에 노출되는 것이죠. 중국이 군사·안보 전략적인 측면에서 핵심이익을 침해받는다고 생각하면 어떻게 나올까요?

즉 미국은 한반도에 사드 배치가 무산되면 '잘 안됐네.' 하고 그냥 돌아갈 수 있습니다. 그러나 중국은 한반도에 사드가 배치되면 '망했다!'가 되는 겁니다. 그래서 중국에게 한반도 사드 배치는 핵심적인 문제입니다. 미국과 중국의 반응이 다를 수밖에 없는 이유입니다.

한편 미국은 사드가 한반도 내에 배치되지 않더라도 우리한테 분풀이를 할 수 없습니다. 주한미군을 감축하는 정도인데, 이것도 사실상 실행하기 어렵습니다. 주한미군을 한반도에 주둔시키는 이유로 남북 대치 상황을 들고는 합니다. 하지만 진짜 이유는 동북아 지역에서 미국의 지배권을 유지하기 위함입니다.

한반도에 사드가 배치된다면 미국과 달리 중국은 상당히 격렬한 반응을 보일 것입니다. 경제보복 조치까지도 예상됩니다. 2014년 한국은 중국과의 무역에서 474억 달러의 흑자를 기록했습니다. 만약 중국이 한국산 제품 수입에 제재를 건다면 어떻게 될까요? 한중FTA가 있다며 얘기해봐야 소용없습니다. 국가와 국가 사이에 문서로 맺어진 약속은 양국 관계가 나빠지면 얼마든지 파기될 수 있습니다. 그것이 국제정치의 논리라는 사실을 잊어서는 안 됩니다.

황재옥〉〉 중국이 설마 우리한테 경제적 보복까지 하겠느냐는 전망도 있습니다. 그런데 중국은 상대적으로 아쉬울 것이 없습니다. 한국에서 수입해서 쓰던 것은 대만에서 얼마든지 가져올 수 있습니다. 중국이 한국에 기술을 의존하고 있는 것도 아닙니다. 정치와 경제는 분리해서 접근할 수 있는 문제라고 하지만, 국제 관계에서 정경분리는 사실상 불가능합니다.

비용 문제도 있습니다. 사드 포대 1개는 발사대 6기와 미사일 72발, 레이더, 통제소 등으로 구성됩니다. 여기에 들어가는 비용은 최대 2조 원입니다. 한반도 전역을 방어하려면 2~3개의 포대가 필요한데, 이 비용을 우리가 부담하는 상황이 될 수도 있습니다. 사드를 배치하는 비용은 비용대로 나가고, 중국으로부터의 경제보복까지 당하면 우리 경제에 미치는 영향이 만만치 않을 것입니다. 국내 내수 경기가 많이 힘들다고 합니다. 이런 마당에 수출에서도 문제가 생긴다면 정말 답이 없는 상황에 빠질 수 있습니다.

공격적이지만, 실속 있는 외교

정세현〉〉 박근혜 대통령은 사드 문제에 대해 좀더 공격적으로 접근해야 합니다. 예를 들어 2015년 5월 미군이 오산 공군기지에 활성화된 탄저균을 들여왔던 사건이 있습니다. 일부에서는 지구상 가장 강력한 독소로 규정된 '보툴리눔'까지 한국에 통보하지 않고 들여와 실험한 것이 아니냐며 의혹을 제기합니다. 이런 사안을 외교적으로 적절히 이용할 필요가 있습니다.

박근혜 대통령이 오바마 대통령에게 '국민들 사이에 미국에 대한 정서가 좋지 않다, 탄저균 문제만 해도 아무리 미군기지 내부라고 하지만, 실험을 하려면 누출이 되지 않게 했어야 한다, 엉성하게 했다는 것 자체가 한국을 우습게 본 것 아니냐, 국민들이 분노하고 있다'고 상황 설명을 해야 합니다. 여기에 사드까지 얹으면 미국에 대한 여론이 더욱 나빠질 수 있다며, '이렇게 되면 국민들의 미국에 대한 나빠진 여론을 돌려놓을 자신이 없다'는 식으로 협상을 이끌어 갈 수도 있었습니다.

한미 동맹 강화? 좋습니다. 하지만 실속 있게 강화해야 합니다. 현실적으로 우리가 미국으로부터 무엇을 얻어내기는 힘들다면, 사드 문제라도 확실하게 선을 그을 필요가 있습니다. 그러면 중국과의 관계에서 경제적인 관계는 지킬 수 있습니다.

질문 정부도 문제지만 야당이 외교안보 사안에서는 제대로 대응하지 못한다는 점도 문제입니다. 그런데 야당은 남북 관계와 대외 관계 관련 이슈는 건드리면 손해라고 생각하는 것 같습니다. 보수와 진보라는 프레임에서 자신들에게 불리한 문제라고 생각하는 것 같습니다.

정세현〉〉 아마 종북 프레임 때문이겠지요. 그러나 이 프레임을 극복하지 못하면 집권하기 어렵습니다. 탄저균 문제, 사드 배치 문제, 북한 문제 등을 가지고 대통령이 발언권을 행사할 수 있도록 뒤에서 밀어주는 것이 어떻게 종북입니까?

누가 무기를 팔려고 하는가

질문 한국은 동맹, 혈맹이라는 이름으로 미국의 무기를 많이 샀습니다. 사드 문제도 결국 미국산 무기를 한국이 살 것인지의 문제처럼 보입니다. 이런 일이 지속되는 근원적인 이유는 무엇일까요?

정세현〉〉 미국의 군산복합체가 사실상 미국을 좌우하는 구조이기 때문입니다. 그동안 우리는 한미 동맹을 강화한다는 명목으로 미국 무기를 많이 구입했습니다. 한미 동맹 강화는 곧 미국 무기 구매액의 증가를 의미합니다. 그리고 이는 곧 미국 군산복합체의 수익 증대로 이어집니다.

2015년 5월에 열린 '제주포럼'에서 미국의 동북아 전문가들과 이 문제에 대한 이야기를 나눴습니다. 그들이 보기에 미국은 실질적으로 군산복합체 때문에 명맥을 유지하고 있다고 하더군요. 군산복합체가 미국의 국제적인 힘도 유지하게 해주지만, 경제에도 보탬이 된다는 겁니다.

미국에는 여러 개의 군산복합체가 있고, 다시 이들의 협력업체라고 부를 수 있는 소위 '하청업체'들이 주(州)별로 있다고 합니다. 이렇게 나뉘어 있는 것은 정치적 목표가 있기 때문이라고 합니다. 군산복합체의 하청이 정치적 영향력을 미칠 수 있기 때문입니다. 대통령은 이런 군산복합체의 주별 경제력 장악까지 신경 써야 표를 관리할 수 있게 되는 것이죠.

여기에 안보 전문가들은 군산복합체에 필요한 이론을 제공해주고 있습니다. 특정 지역의 안보 상황이 위태롭다고 이야기하면, 위태로운 사태에서 벗어나기 위해 미국의 무기를 사서 방어해야 한다고 이야기하는 겁니다. 전문가들이 군산복합체의 이익에 종사하는 셈입니다.

이런 원리는 북한 문제에도 적용할 수 있습니다. 미국의 북한 전문가들이 북한의 군사력이 강화되었다고 이야기하면, 우리는 그대로 믿고 무기를 들여와야 한다고 생각합니다. 미국의 전문가가 칼럼에 쓴 의견과 한국에서 열리는 학술회의장에서 직접 발표한 주장은 그대로 진실이 됩니다. 그런데 이들 중에는 군산복합체와 물밑으로 연결되어 있는 사람들이 꽤 많습니다. 따라서 북한의 핵 능력과 미사일 정보의 신빙성을 다시 검증해봐야 합니다.

미국 내부에서는 일찌감치 '북핵 협상 무용론'이 나오기 시작했습니다. 북한이 약속을 어긴 것을 강조하면서, 협상이 필요 없다는 식으로 여론을 조성합니다. 그리고 이런 일련의 과정 배후에는 군산복합체가 있었습니다.

군산복합체 입장에서는 북핵이 협상으로 해결되면 무기를 팔 곳이 없어집니다. 일단 협상을 통해 북핵 문제가 해결되면, 남한의 무기 시장 규모는 현저하게 줄어들 것입니다. 더 나아가 동북아에도 군비가 감축되기 시작할 겁니다. 이렇게 되면 미국 군산복합체가 문제가 아니라 미국 국가경제 자체가 위기에 빠질 수 있습니다.

일부에서는 학자의 탈을 쓰고 어떻게 그렇게 할 수 있겠느냐고 반박하는 사람들도 있습니다. 하지만 전문가들 중에도 비단 군산복합체뿐만 아니라, 자금을 받고 있는 곳을 위해 일하는 사람들이 많습니다.

예를 들어, 일본은 미국 내에서 일본을 긍정적으로 묘사하는 글을 쓰고 있는 사람들을 별도로 분류한다고 합니다. 심지어는 글을 쓸 때 그 포인트를 계산해서, 그 전문가가 속한 연구소에 연구기금을 제공하기도 해요. 그래서 이를 계산하고 글을 쓰는 사람들도 생겨납니다.

몇몇 학자들에 의해 '전문적인 분석'이라는 이름으로 미국 군산복합체 이익의 영속화와 확대를 정당화시켜주는 정보 해석이 진행되고 있습니다. 이런 부분에 대해 우리도 명확히 인식하고, 북한의 군사력이나 대남전략 등에 대해 독자적인 정보와 근거, 분석을 토대로 판단할 필요가 있습니다. 특히 대통령과 주변 참모를 비롯해 결정권을 가지고 있는 사람들이 이런 정황을 정확히 알고 있어야 합니다.

학문 자체의 탄생 배경에 대해 명확히 알고 있을 필요가 있습니다. 국제정치학이라는 분야는 제2차 세계대전 이전까지만 해도 없었던 학문입니다. 제2차 세계대전 이후 미국과 소련을 주축으로 하는 냉전 시대에 접어들자, 미국이 자국의 영향력을 유지하기 위해 만든 학문이 국제정치학이고 제국경영론입니다.

사회과학 중에서도 정치·경제·사회 관련 이론은 기본적으로 그 이론이 태어난 국가나 사회를 기반으로 합니다. 그리고 더 확실하게 이야기한다면, 그 사회의 역사나 지향점 등을 정당화하는 이론 체계가 이른바 '학술 이론'이라고 볼 수 있습니다.

모든 학문에도 국적이 있다는 것을 알고 배우는 것과 모르고 배우는 것과는 다릅니다. 국가의 정책을 입안하려면 이 정도는 알고 있어야 합니다. 미국과 우리의 국가이익이 똑같을 수 없고, 미국의 국가이익을 보장하는 틀 속에서 살 수밖에 없는 운명이라면 그 안에서라도 나름 우리의 국가이익을 챙길 수 있어야 합니다. 그래야 '약자의 공갈'도 칠 수 있는 겁니다.

19

외교의 장에서 사라진 박근혜 정부

2014년 하반기, 북한은 광폭 외교 행보를 보였다. 리수용 북한 외무상은 북한 외무상으로는 15년만에 유엔총회에 참석했다. 또 강석주 조선로동당 국제담당 비서는 독일과 벨기에, 스위스, 이탈리아, 몽골 등을 방문했다. 앞서 8월 중순에는 미국 정부의 고위 관리들이 군용기 편으로 평양을 방문했다. 9월에는 미국 방송 CNN이 케네스 배를 포함, 북한에 억류 중인 미국인 3명과 인터뷰를 가졌다. 뿐만 아니라 북한은 납치자 문제 해결을 고리로 일본과 접촉했고, 이에 일본은 대북 제재 일부를 완화하기도 했다.

그런데 북한이 발 빠르게 움직이며 미국, 일본과 접촉하는 동안 한국은 어디에도 없었다. 세월호 침몰 사건 이후 수습 과정에서 청와대는 스스로 '컨트롤타워'가 아니라고 했던 것처럼, 외교에서도 '컨트롤타워'가 아닌 듯한 모습을 보였다. 북핵 포기, 드레스덴선언 이행 등 북한에 주문이 많았지만 오직 '말'뿐이었다. 2014 0911

말만 있고 행동은 없다

황재옥〉〉 정부가 발 빠르게 움직이는 북한의 외교 행보를 보면서도 남북 관계에서 뭔가 돌파구를 찾아보려는 노력을 일체하지 않았던 것을 보면, 남재희 전 노동부 장관이 《프레시안》 인터뷰에서 지적했듯이 '정체 상태'에 빠진 것이 확실해 보입니다. 세월호 침몰 때도 청와대 국가안보실이 컨트롤타워가 아니었던 것과 같이, 남북 관계나 대미·대일 외교에서도 컨트롤타워 역할을 하지 않고 있는 것이지요.

2014년 9월 19일부터 10월 4일까지 개최된 인천아시안게임에 북한은 선수단과 함께 대규모 응원단을 보내려고 했었습니다. 하지만 2002년 부산아시안게임이나 2003년 대구유니버시아드 때와는 달리 남한 정부가 북한 응원단의 경비를 지급할 수 없다는 입장을 내놓는 바람에 북한 응원단의 인천아시안게임 참가는 무산되었어요. 그런데 2014 인천아시안게임 응원단 문제에 대해서 국방부와 통일부의 입장이 매우 달랐습니다. 이건 사실 대북정책 방향이 잘못된 것 못지않게 중요한 대형사고입니다.

오바마 정부는 2009년 말부터 '전략적 인내' 정책을 유지함으로써 결과적으로 북핵 문제를 키워왔습니다. 그런데 박근혜 정부도 '전략적 인내'를 대북정책으로 채택한 것 같습니다. 북한이 호응할 만한 인센티브를 제시하기는커녕, 우리가 제의한 대화에 왜 나오지 않느냐고 가끔 발언하는 것이 박근혜 통일부 대북 업무의 전부인 것 같습니다.

정세현〉〉 대북 관계나 대외 관계에 있어서 박근혜 정부는 완전히 NATO(No Action, Talk Only, 행동은 없고 말만 한다) 정부입니다. 예전에 노무현 정부에 대해서 한나라당 사람들이 비판할 때 썼던 이야기를 그대로 지금 정부에 적용시킬 수 있는 상황입니다. 속담에 '매 끊어 오는 놈이 매 맞는다'고 했는데 그 꼴이 됐습니다.

북핵 문제라는 사안의 무게

정세현〉〉 현장에서 일했던 경험에 입각해서 살펴보면, 문제를 해결하기 위해 우리가 구체적인 계획이나 대책을 가지고 미국을 설득하면 미국은 따라왔습니다. 북핵 문제는 미국 외교정책에서 우선순위로 보았을 때 뒷전으로 밀려 있는 문제입니다. 미국은 북핵 문제에 관한 한 긴급 사태가 발생했을 때 가동할 수 있는 컨틴전시 플랜(Contingency plan) 같은 것도 없어요. 그들에게 북핵 문제는 죽고 사는 문제가 아니기 때문이죠. 하지만 그렇기 때문에 오히려 우리가 미국을 설득해서 끌고 갈 수 있습니다.

우리한테 북핵 문제는 '죽고 사는' 문제입니다. 그래서 우리가 구체적 계획을 가지고 미국을 설득하면, 미국은 한국 정부의 입장을 존중할 수밖에 없습니다. 미 국무부 대북정책 특사로 임명된 사일러가 말하지 않았습니까? 북한 문제에 관해서는 "한국 정부의 입장과 정책이 제일 중요하다."라고요. 동맹국가인 한국이 절실하게 원하는데, 미국이 호응하지 않으면 미국을 동맹국가로 볼 수 없죠. 김영삼 정부 때도 미국이 계속 우리를 압박할 때 '동맹국끼리 이러면 안 되지 않느냐'라는 논리로 돌파했습니다. 김대중 정부 때는 대통령이 직접 나서서 구체적 계획을 가지고 미국을 설득했습니다.

클린턴 정부 시절 김대중 정부는 햇볕정책에 대해 미국에 열심히 설명했습니다. 1998년 첫 한미 정상회담 때 김대중 대통령은 무려 90분 동안 클린턴에 햇볕정책을 설명해 지지를 얻어냈습니다. 2002년 1월 29일 미 의회 국정연설에서 부시 대통령이 북한을 '악의 축'으로 규정한 이후 북한에 대한 압박을 본격화하자, 한 달 후 청와대에서 열린 한미 정상회담에서 김대중 대통령은 또 100분 동안의 단독회담을 갖고 부시 대통령을 설득했습니다. 김대중 대통령의 표현대로 하면 '젖 먹던 힘까지' 동원해서 설득했다고 합니다. 그 결과 미국이 북한을 공격하지 않고, 대화하고 인도적 지원도 하겠다는 약속을 끌어냈습니다.

이 두 가지 사례를 통해 알 수 있는 것은 동맹국으로서 미국의 기본적인 태도입니다. 한국 대통령이 진정성을 가지고 미국 대통령에게 북핵 문제 해결 방안을 제시하고 우리의 정책을 지지해달라고 미국을 설득하면, 미국은 밀어주더라는 것입니다. 노무현 대통령 때도 한미 정상회담에서 진정성을 가지고 대북정책과 북핵 문제에 대한 우리 입장을 설명했고, 이 때문에 양국 관계가 상당히 좋았습니다.

그런데 보수 정권은 북핵 문제에 대해 상황에 맞는 대책을 세우기보다는, 북한을 압박하기만 합니다. 당연히 미국에 부탁하고 매달릴 일이 없어졌습니다. 협상 방식으로는 북핵 문제를 해결할 수 없다는 잘못된 판단을 했기 때문에 구체적 계획도 없었던 것입니다.

협상하면 핵은 멈추고, 협상하지 않으면 핵은 가동된다

질문 한국이 북핵 문제 해결의 주도권을 잡으려면 어떻게 해야 할까요?

정세현〉〉 1993년 3월 12일 북한의 핵확산금지조약(NPT) 탈퇴 선언 이후 지금까지 북핵 문제를 둘러싼 국제정치나 외교사를 돌아보면, 북미 협상이든 6자회담이든 회담이 진행되는 동안 북한의 핵 활동은 중지되었습니다. 북한이 회담 결과를 기대하는 측면이 있어서 그랬는지는 모르겠지만, 핵 활동이 중단됐다는 엄연한 사실에 주목할 필요가 있습니다. 그건 회담을 하는 동안에는 국제원자력기구(IAEA)가 사찰을 진행하기 때문일 겁니다. 북핵 활동을 관련국들이 인지할 수 있다는 것도 중요한 지점입니다. 지금 북한에는 국제원자력기구의 사찰단이 없습니다. 6자회담이 표류하면서 쫓겨났기 때문입니다.

1993년 북핵 문제가 처음 터졌을 때 미국은 북한과 바로 대화하려고 했습니다. 그런데 당시 김영삼 대통령은 나쁜 짓에 보상을 해줘서는 안 된다는 입장을 갖고 북미 대화를 반대했습니다. 하지만 클린턴 정부는 북핵 문제를 초기에 해결해야 한다고 생각했습니다. 그대로 놔두면 호미로 막을 것을 가래로도 못 막는 우를 범할 수 있다는 판단에서였죠. 영어 속담인 '적절할 때 한 땀을 기워서 아홉 땀의 수고를 덜 수 있다'(One stitch in time saves nine)라며 북한과 대화를 시작했습니다.

김영삼 정부의 만류에도 불구하고 미국은 북미 대화를 계속 추진했습니다. 이후 북한과 미국은 베를린에서 대략적인 합의를 한 뒤 제네바에서 본격적인 협상을 시작했습니다. 하지만 이 자리에 한국은 없었습니다. 대화하지 말라고 했으니, 양국 간 협상에 끼어들 자리가 없어 옆으로 밀려난 것입니다. 그때 김영삼 정부는 통미봉남을 자초했다는 비판을 받았습니다.

1993년 6월 초 베를린 북미 합의 발표부터 1994년 10월 21일 제네바합의가 탄생하기까지, 1년이 넘는 시간 동안 북한은 핵 활동을 멈추었습니다. 협상전략 차원에서 핵 활동과 관련한 제스처를 취하는 일은 있었지만, 미국이 IAEA 사찰관을 통해 계속 감시하고 있었기 때문에 결정적인 사태 악화를 막을 수 있었습니다. 이 합의로 북한에 경수로 건설과 중유 지원이 시작됐습니다.

그러다가 2002년 7월, 부시 정부는 난데없이 북한이 플루토늄 핵 활동은 하고 있지 않지만 고농축 우라늄 프로그램을 가지고 있는 것 같다는 추측성 정보를 가지고 북한을 압박하기 시작했습니다. 문제가 꼬이기 시작한 겁니다. 결국 2003년 1월 부시 정부는 경수로 건설과 중유 지원을 중단하면서 제네바합의를 파기했습니다. 다시 북의 핵 활동은 '고삐 풀린 망아지'가 됩니다. IAEA의 사찰단이 쫓겨나고 북한은 대놓고 핵 활동을 시작하죠. 영변의 원자로 가동을 예고했는데, 이는 2년 후에 플루토늄을 생산할 수 있는 연료봉이 나온다는 이야기입니다. 즉 핵폭탄을 만들 수 있는 핵물질이 나올 수 있다는 예고인 것입니다.

사태가 악화되자 2003년 8월, 6자회담이 시작됐습니다. 중요한 것은 6자든 양자든, 어떤 형태든 북한과 미국이 마주앉는 자리가 생기면 북한은 핵 활동을 하지 않았다는 것입니다. 그런데 높은 급에서 원칙적인 합의를 해놓으면, 그 후 미국의 국방부나 국무부 실무자급에서 항상 문제를 일으켰습니다. 북한에 선 행동을 요구하니까 북한이 반발하고, 서로 비판하는 와중에 미국은 북한이 약속을 위반했다면서 협상을 중단했습니다. 북핵 문제에 관한 한 미국이 갑입니다. 북한이 아무리 큰소리를 쳐봤자 을입니다. 미국이 협상을 중단하면 그 협상은 중단되었습니다. 그리고 협상이 중단되면 북한은 그 틈새 시간에 다음 협상 때 몸값을 올릴 수 있게 핵 능력을 고도화시킵니다.

대표적인 사례는 2005년 9·19공동성명 발표 바로 다음 날, 미국 재무부가 방코델타아시아(BDA)에 있는 북한 계좌를 동결시킨 사건입니다. 이후 북한은 1년 만인 2006년 10월 9일, 1차 핵실험을 했습니다. 여기에 놀란 부시 정부는 바로 북한과 양자협의를 추진해 2007년 2·13합의를 만들었지만 이미 때는 늦었습니다. 이명박 정부와 오바마 정부 들어와서는 회담이 없었지요? 2008년 12월 6자회담을 끝으로 오바마 정부 들어와서는 단 한 번도 6자회담을 열지 못했습니다. 그리고 오바마 정부와 이명박 정부 시기에 북한은 두 번이나 핵실험을 했고, 핵실험은 성공했습니다.

박근혜 정부는 이러한 점을 인지하고, 중동과 우크라이나 문제 때문에 정신없는 미국을 설득해서 북핵 문제를 해결하기 위한 6자회담을 시작해야 합니다. 그리고 우리가 상황을 주도해야 합니다. 국무부의 동아시아태평양 차관보를 통해 미국 정부에 대한 설득 작업에 들어가야 합니다. 북핵 문제가 절박하다고, 제대로 해결되지 않으면 정부가 어려워진다고, 한미 안보 동맹도 위태로워질 수 있다는 식의 소위 '약자의 공갈'을 하더라도, 우리가 구체적 계획을 가지고 미국을 설득해나가야 합니다.

남북 문제를 국내정치에만

이용하는 여야

천안함 사건 5주기를 기점으로 여야 정치인들이 잇따라 북을 향해 강경한 발언들을 쏟아냈다. 김무성 당시 새누리당 대표는 북한이 핵실험을 두세 차례 진행했기 때문에 핵보유국으로 봐야 한다고 주장했고, 문재인 당시 새정치민주연합 대표는 천안함 폭침은 북한의 소행이라고 밝혔다.
여야 모두 천안함 사건을 정치적으로 유리하게 이용하고 싶었을 것이다. 그러나 김무성 대표의 발언은 북한 핵을 용납하지 않겠다는 정부의 입장과 정면으로 위배되는 것이었고, 문재인 대표의 발언은 이른바 '종북 숙주'라는 공격에서 벗어나기 위한, 일종의 선제적 입장 표명이었다. 2015 0401

남북 관계와 정치적 유혹

길게 보면 통일 문제, 가깝게 보면 남북 문제는 당위적인 측면에서 초당적으로 협력해야 하는 부분이 있습니다. 그런데 안타깝게도 우리는 정치성을 띨 수밖에 없게 됐습니다.

남과 북 모두 공히 한국전쟁 이후 주민들 사이에 서로에 대한 적대의식이 팽배해졌습니다. 남과 북의 기득권들은 바깥의 적을 타도하기 위해서 뭉치자는 식으로 국민들을 끌고 갔습니다. 또 생각을 달리하는 내부의 적을 타도하기 위해서라도 뭉쳐야 한다고 이야기합니다.

이런 작업들은 정치적으로 효과가 있었습니다. 정치인들이 남북 관계를 정치적으로 활용하고 싶은 유혹에 빠지는 이유입니다. 특히 급한 상황에 몰리면 남북 관계를 더욱 잘못된 방향으로 활용합니다. 선거 때 자주 등장했던 '북풍'(北風)이 대표적이죠. 이런 상황이니 여야 간 남북 문제에 대해 완전한 공감대를 형성하기는 현실적으로는 어려운 일입니다.

하지만 벗어나서는 안 될 테두리라는 것이 있습니다. 김무성 대표의 발언은 그 범위를 넘어선 것이죠. '북한을 핵보유국으로 봐야 한다'는 김무성 대표의 발언은 북핵을 용납하지 않겠다는 '북핵 불용' 원칙을 깬 것입니다. 한반도 평화의 출발점인 북핵 문제 해결을 사실상 불가능하게 만드는 이야기이기 때문입니다.

김 대표의 발언은 우선 사실과 다른 부분이 있습니다. 두세 번 정도의 핵실험으로 북한이 핵을 보유했다고 말하기는 다소 무리가 있습니다. 핵보유국은 핵 폭파장치를 보유하는 정도의 단계가 아닙니다. 실전에 쓸 수 있는 핵무기를 보유하고 있어야 핵보유국이라고 할 수 있습니다. 그런데 이 정도까지 도달하려면 최소 여덟 번에서 아홉 번 정도는 핵실험을 해야 한다는 것이 일반적인 분석입니다.

열 번 가까이 핵실험을 해야 하는 이유는 핵무기의 소형화·경량화 작업이 필요하기 때문입니다. 가볍고 작아져서 미사일에 실을 수 있어야 무기로서 가치가 있지 않겠습니까. 그런데 북한의 경우는 지하에서 핵실험을 했다는 것 말고는 공식적으로 확인할 수 있는 것이 없습니다. 이 정도로 북한이 핵을 소형화·경량화했다고 보기는 어렵다는 것이 전문가들의 인식입니다.

그런데 김무성 대표는 왜 이런 말을 한 것일까요? 북한의 핵 능력을 부풀려서 안보 불안감을 조성하고 싶었던 것이겠죠. 이를 통해 신종 무기를 사야 하는 환경을 만들고 싶은 사람은 이렇게 이야기합니다. 김무성 대표가 미국 워싱턴의 군산복합체에 고용된 사람들의 이야기에 몰입하는 것은 아닌지 모르겠습니다.

시기적으로는 2015년 4·29 재보선을 노린 것일 가능성이 높습니다. 선거를 앞두고 보수층 결집을 위해서는 북핵 능력을 과장하거나 극대화해서 불안감을 자극하는 것이 도움이 될 것이라고 판단했을 겁니다. 또 하나는 사드 배치를 주장하는 비박계, 반박계 사람들의 입장에 힘을 실어주어 당 장악력을 높이고, 당·청 간 힘겨루기를 시도하는 것일 수 있겠죠. 그렇게 하려면 사드 배치를 기정사실화해야 하는데, 사드 배치의 정당성은 북핵 문제로부터 출발합니다. 이런 이유로 북핵 문제를 과도하게 부풀리는 겁니다.

문제는 이 발언에 대해 정부가 제대로 대응하지 않으면, 북한이 자신들에게 유리한 방향으로 이를 활용할 가능성이 높다는 데 있습니다. 집권 여당의 대표가 북한의 핵을 인정해준 셈이니까요. 북한은 지난 2009년부터 자신들은 핵보유국이며, 핵을 가지고 있는 미국·중국·러시아와 만나 핵군축협상을 하자고 주장했습니다.

질문 문재인 대표의 천안함 발언도 재보선을 염두에 둔 발언 아닌가요? 새정치민주연합이 이른바 '종북 숙주'라는 공격에서 벗어나기 위해 선제적인 조치를 한 것으로 보이는데요. 이 발언이 남북 관계에는 좋은 영향을 미치지 못할 것 같습니다.

사실 관계를 먼저 볼 필요가 있습니다. 새정치민주연합 핵심 관계자에 따르면 문재인 대표 발언의 의미는 천안함 폭침이 북한 소행이라고 단정한 것은 아니라고 합니다. 정부의 주장대로 북한의 소행이라면, 그것도 못 막은 보수 정권이 안보 정권이라고 할 수 있느냐는 질책의 의미가 더 크다는 것이죠.

그런데 언론에는 거두절미하고 '천안함 북침 소행'이라는 문구만 나왔다고 합니다. 여당은 다시 이 기회에 그동안 새정치민주연합이 천안함을 북한의 소행이 아니라고 이야기했던 것을 사과하라고 몰아붙이고 있습니다. 그런데 새정치민주연합은 문재인 대표의 발언의 의미를 제대로 설명하지도, 반박하지도 않더군요. 이것이 현재 야당의 한계라고 생각합니다. 집권 여당이 '종북몰이'를 계속하는 상황에서 새정치민주연합은 북한 관련 사안을 판단하거나 결정하는 데 스스로 제약을 당하는 것 같습니다.

피스 키핑과 피스 메이킹

하지만 이럴 때일수록 야당 나름의 논리로 돌파구를 마련해야 합니다. 김대중, 노무현 정부 시절의 안보론은 적극적으로 평화를 만들어가면서 자동적으로 안보를 보장받는 것이었습니다. 이런 것을 벤치마킹할 필요가 있겠죠.

당시 정부는 국방을 튼튼히 해서 '피스 키핑'(Peace Keeping), 즉 '평화 지키기'를 확실하게 했습니다. 더불어 '피스 메이킹'(Peace Making), '평화 만들기'를 해나갔습니다. 북한이 남한에 대해 적대적이거나 공격적인 행위를 하지 않도록 만든다면, 국민들이 안보 불안감 없이 살아갈 수 있는 것 아니냐는 철학이 있는 접근이었죠.

역대 정부와 비교해서 살펴보면 이는 획기적인 변화였습니다. 박정희 정부 이래 보수 정권들은 대북 적대 의식을 가지고, 모든 것에 북한 핑계를 대면서 안보와 국방을 강화했습니다. 국내정치를 자신들에게 유리한 쪽으로 끌고 가기 위함입니다. 예를 들어 박정희 대통령은 유신을 선포한 뒤 '통일주체국민회의'를 만들고 여기서 대통령을 뽑았습니다. 먼 훗날 통일을 위해서는 안보를 튼튼히 하고 내부를 다져야 한다면서 권력 기반을 다진 겁니다. 전두환 정부 역시 마찬가지였습니다.

노태우 정부는 피스 메이킹을 위해 노력했습니다. 북방외교를 통해 소련, 중국과 수교하고 남북기본합의서를 만들어냈습니다. 한편 김영삼 정부 때는 '북한과 대화는 필요 없다, 곧 망할 텐데 왜 대화를 해야 하느냐'면서 피스 키핑에만 전념했습니다.

그러다가 김대중, 노무현 정부에 들어와서 피스 키핑과 피스 메이킹을 병행했습니다. 이것이 남북 관계 개선과 북핵 문제 해결을 함께 가져가는 방식으로 나타났습니다. 우선 피스 키핑을 확실히 한다는 측면에서 국방비를 증액시켰지만, 동시에 남북 협력기금을 활용해서 통일부로 하여금 남북 관계를 안정적으로 관리하게 했습니다. 이렇게 상황을 안정적으로 만든 뒤에, 평화를 만들기 위한 북핵 문제 해결에 나섰습니다.

문재인 대표는 이러한 과거 정권의 사례를 참고해서 당시 발언에 대해 설명할 필요가 있었습니다. 단순히 북한 때리기를 통해 피스 키핑만 할 것이 아니라 피스 메이킹을 병행해야 하고, 그런 점에서 5·24조치를 빨리 해결해야 한다는 이야기를 확실하게 해야 합니다.

평화를 지키는 것과 평화를 만드는 것이 병행되지 않는 한, 우리는 안보 불안감에서 빠져나올 수가 없습니다. 새누리당은 평화 지키기에만 전념하고 있는데, 이렇게 해서는 국민들이 진정한 평화를 누릴 수 없다는 점을 짚어줘야 합니다.

문재인 대표의 참모들은 종북이 야당의 약점이다, 이것만 벗어나면 집권할 수 있다고 생각했던 것 같습니다. 북한인권법 발의도 이런 맥락에서 나온 것으로 보입니다. 그런데 이런 전략에 곱지 않은 시선을 보내는 분들도 있습니다. 야당이 여당과 차별성을 가질 수 있는 부분 가운데 외교안보가 있는데, 야당이 스스로의 강점을 버리고 있다는 지적입니다.

이는 지나치게 정치공학적으로만 접근하는 것입니다. 우선 먹기는 곶감이 달다고, 종북 숙주의 딱지를 벗기 위해서 이런 식의 발언을 하면 정권을 잡았을 때 정책의 정체성을 어떻게 잡을 수 있겠습니까. 나라를 책임져야 할 상황이 되었을 때, 대북·외교 정책의 정체성에 문제가 생길 수 있습니다.

야당은 전략적으로 피스 키핑을 확실히 할 뿐만 아니라 메이킹도 하는 세력이라는 것을 보여줘야 합니다. 실제 김대중, 노무현 정부의 철학이 그렇기도 했습니다. 당장 4·29 재보선에서 네 석의 국회의원 자리를 뺏기는 것이 두려워, 단순히 보수·중도로 외연을 넓히기 위해 천안함 발언을 유독 강조하는 것은 '소탐대실'일 수 있습니다.

정치는 정체성과 명분을 가지고 하는 것 아닙니까? 물론 정체성이나 명분이라는 탈을 쓰고 무자비한 권력 투쟁이나 야비한 음모를 도모하기도 하지만, 국가를 대표하는 정도의 정치인은 야비한 음모 수준에서 벗어나서 명분으로 정치를 해야 합니다. 그저 눈앞의 유불리 때문에 스스로 이를 훼손해서는 안 됩니다.

이란과 북한은 다르다

—이란 핵 협상 타결

2002년 부시 미국 대통령은 의회 연두교서를 발표하는 연설에서 북한, 이라크와 함께 이란을 '악의 축'으로 지목했다. 그 후 이란과 미국은 13년 동안 핵 협상을 진행했고 2015년, 결국 타결을 이뤄냈다. 이에 북한의 핵 문제도 해결되는 것 아니냐는 관측이 나왔다. 오바마 정부 임기가 끝나기 전에, 마지막으로 북한과 관계 개선을 도모해볼 수 있다는 희망적인 예측이었다.

그러나 이란과 북한은 다르다. 이란은 핵 활동을 막 시작하려는 시기에 협상을 시작했고, 외부와 무역이 필요한 국내 사정 때문에 협상에 적극적으로 임할 수밖에 없었다. 반면 북한은 본인들이 스스로 핵보유국이라 선언했고, 미국 역시 북한이 핵을 가지고 있는 것으로 인정해버렸다. 달라도 너무 다르다. 2015 0729

이란 핵 협상 타결과 북핵 문제

질문 **이란 핵 문제가 타결된 이후 다음은 북핵 아니냐는 관측이 나왔습니다. 2015년 7월 27일에는 시드니 사일러 미 국무부 6자회담 특사가 방한했고, 31일에는 한·미·일 6자회담 차석대표가 도쿄에서 만나기로 했습니다. 한국의 6자회담 수석대표인 황준국 평화교섭본부장도 중국을 방문했습니다.**

장난이 심하다는 생각밖에 안 듭니다. 북한을 제외한 6자회담 관련 국가들이 부지런히 움직이는 데도 불구하고 북핵 문제가 풀리지 않는 것은 북한 때문이라는, 책임을 넘기려는 목적이 보이는 수입니다. 진정으로 문제를 해결하려는 것이 아니라, 보여주기식 행정과 비슷한 '전시외교'인 것이죠.

6자회담 수석대표를 포함해 관련 국가들이 분주히 움직이면 북핵 해결의 길이 열릴 수 있겠다는 기대를 가질 수도 있습니다. 하지만 이는 떡 줄 사람은 생각이 없는데 김칫국부터 먹느라고 요란하게 돌아다니는 것밖에 안 됩니다. 떡 줄 사람, 즉 문제를 해결할 당사자는 미국과 북한이죠. 이 둘은 만나지 않은 채 언저리만 돌고 있습니다.

물론 한국도 북핵 문제의 당사자입니다. 다만 우리는 핵 문제가 해결되지 않았을 때 가장 큰 피해를 입을 당사자이지, 해결의 주도권을 행사할 수 있는 당사자는 아닙니다. 이렇게 본다면 중국, 러시아, 일본 모두 마찬가지입니다.

1993년 북핵 문제가 불거진 이후 북한이 지속적으로 요구해온 것들은 모두 미국과 해결할 사안들입니다. 북한은 미국과의 수교, 그리고 그에 따르는 경제적인 조치를 요구하고 있습니다. 1994년 제네바합의를 통해 수교와 경제적 지원으로 핵 활동을 중지시키겠다는 데까지 합의를 이뤘고, 2005년 9·19공동성명에서는 평화협정 문제까지 어젠다로 올라왔습니다.

이런 측면을 생각해보면 6자회담 수석대표든 차석대표든, 다른 곳이 아닌 북한과 미국으로 가야 합니다. 중국이나 일본 등 북한과 미국을 제외한 곳들을 돌아다닐 이유가 없습니다. 6자회담 차석대표들이 도쿄든 어디서든 서로 만난들, 밥 한 끼 먹는 것외에 무슨 의미가 있습니까?

6자회담 참가국들이 정말 북핵 문제를 해결하고 싶으면, 우선 미국의 마음을 바꿔놓아야 합니다. 미국의 마음이 바뀌었다는 확실한 증거가 있을 때, 북한의 마음도 바꿀 수 있기 때문입니다. 그동안 오바마 정부는 '전략적 인내'의 첫 번째 조건으로 '중국 역할론'을 내세웠습니다. 북한이 핵을 포기하겠다는 제스처를 먼저 취하게끔, 중국이 북한을 설득하든 압박하든 나름의 역할을 하라는 겁니다. 그런데 중국이 이러한 역할을 하려면 미국으로부터 확실한 '사인'이 와야 합니다. 북한은 국제원자력기구(IAEA)의 사찰을 받아들이고, 현재의 핵 활동을 중지하는 것에 대해 반대급부를 얻어내려고 할 것입니다. 여기에 미국이 확실한 보장을 해줘야 하는 것이죠. 그리고 나머지 6자회담 참가국들은 이를 보증하는 방식을 취해야 합니다.

얼마 전 한·미·일 6자회담 수석대표들이 중국에서 우다웨이 한반도 문제 특별대표를 잇달아 만났습니다. 하지만 별다른 성과는 없었습니다. 한·미·일 3국이 인권 문제까지 포함해 북한을 압박하자고 했지만, 중국은 북핵 문제 해결에 대해 자기들 방식대로 노력하겠다는 입장만 밝혔습니다. 한·미·일이 모인다고 뾰족한 수가 나오지 않습니다. 미국의 생각을 바꾸는 것도 아니고, 북한의 입장을 바꾸는 것도 아니기 때문입니다. 한·미·일 수석대표가 만날 것이 아니라 한국, 일본, 중국, 러시아의 대표들이 미국으로 가야 합니다. 미국에 가서 메시지를 받고 이를 북한에 전달해야 합니다. 미국이 이란 핵 문제도 해결했으니, 북한 핵 문제를 해결하기 위해 성의를 보이겠다는 사인을 주면, 그걸 들고 평양으로 가서 북한을 대화 테이블로 끌어내겠다는 전략을 세워야 합니다.

물론 이런 전략으로 움직인다고 해도 쉬운 일이 아닙니다. 그런데 자꾸 언저리만 돌고 있으니 답답합니다. 북한과 미국을 제외한 나머지 국가들이 조정자가 되고, 그 중심에 한국이 있어야 합니다. 중국 역할론이 아니라 한국 역할론이어야 하는 것이죠. 우리가 가장 큰 피해 당사자이기 때문입니다.

박근혜 정부는 북한 붕괴를 믿고 있는지 적극적으로 움직이지 않는 것 같습니다. 통일 문제는 거창하게 이야기하는데, 북핵 문제 해결을 위한 상황을 조성하는 역할은 하지 않아요. 한국과 미국이 '중국 역할론', '북한 선 행동론'만 합창하면서 사실상 북핵 문제를 방관하는 이유가, 망해가는 북한을 괜히 6자회담이니 뭐니 하며 국제사회로 끌어들이면 체제가 더 오랜 기간 동안 존속할 수 있는 것 아니냐는 우려가 있기 때문인 것 같기도 합니다.

핵을 포기할 만한 확실한 대가가 있었던 이란

이란은 핵 활동을 막 시작하려는 시기에 협상을 시작했습니다. 미국은 이란의 핵 능력이 고도화되기 전에 협상으로 막은 것입니다. 이란이 만약 지금 핵무기를 가지고 있었다면, 협상으로 받아내려는 반대급부가 더 커졌을 것입니다.

하지만 북한은 스스로 핵보유국이라고 선언했고, 미국에서도 북한이 핵을 가지고 있는 것으로 인정해버렸습니다. 조엘 위트 미국 존스홉킨스 대학교 초빙연구원은 북한이 현재의 추세로 핵 개발을 지속할 경우 2020년까지 최대 100개에 달하는 핵무기를 제조할 수 있다고 밝히지 않았습니까? 물론 북핵 문제를 서둘러 협상 방식으로 풀자고 주장하기 위해 이 이야기를 꺼냈을 겁니다.

문제는 북한이 절대로 이런 발언이나 평가들을 그냥 놓치지 않는다는 겁니다. 몸값이 엄청나게 올라가는 것이기 때문이죠. 협상전략 측면에서 보자면 위트의 발언으로 북한은 지금까지 요구한 것보다 훨씬 더 많은 것을 받아낼 수 있게 되었습니다. 북한을 굉장히 유리하게 만들어준 것이죠. 다른 쪽으로는 북한 무기에 대응하기 위해서라는 명목으로 무기를 팔 수 있는 군산복합체의 이익을 키워주는 결과도 가져올 수 있습니다.

스스로를 핵보유국이라고 주장하는 북한은 이제 6자회담은 필요 없고 핵군축회담이 필요하다고 주장하기에 이르렀습니다. 핵이 없는 한국과 일본은 빠지고, 미국·중국·러시아와 해결을 보겠다는 겁니다. 그

이란의 핵 협상

2013년 11월 제네바에서 열린 이란 핵 협상 장면.
유엔안보리 상임이사국과 독일, 이란 간에 진행된 이 협상은 2015년 7월에 타결되었다.
이란과 서방의 갈등이 시작된 2002년 이후 13년만의 일이었다.

런데 이게 북한의 본심일까요? 아마 이 역시도 몸값을 높이기 위한 차원일 가능성이 큽니다. 핵군축회담만 가지고는 북한이 원하는 평화협정을 끌어낼 수 없기 때문입니다.

미국과 협상해도 소용없다는 '협상 무용론'이 북한 내에 퍼져 있는 것도 이란과 다른 점입니다. 이란은 부시 미국 대통령이 2002년 미국 의회 연두교서를 발표하는 연설에서 북한과 이라크, 이란을 '악의 축'으로 지정한 이후부터 협상에 들어갔습니다. 그리고 13년 만에 타결을 이뤄냈습니다.

그런데 북한은 다릅니다. 2005년 9·19공동성명에 합의했지만, 미국 재무부는 마카오 방코델타아시아(BDA)에 있는 북한 자금을 동결시켰습니다. 결국 이 사건은 9·19공동성명의 순조로운 이행을 어렵게 했고, 북한은 미국과 핵 협상을 해봐야 소용이 없다는 인식을 갖게 되었습니다. 미국뿐만 아니라 북한도 '핵 협상 무용론'에 빠진 겁니다. 서로가 무용론을 견지하면서 샅바싸움만 하다가 시간이 이렇게 흘러버렸습니다.

이란의 경우에는 걸프 지역 국가들과의 관계도 있지만, 핵 협상을 타결해 얻을 수 있는 경제적 이득이 너무 분명했습니다. 핵을 보유하고 있지도 않으니 몸값도 높지 않은데, 핵 활동만 멈추면 경제적으로 얻을 것이 있으니까 협상에 나올 수 있었던 겁니다. 제재가 해제되면, 그 순간부터 이란 경제가 살아난다는 것이 확실하기 때문에 핵을 포기할 수 있었습니다. 결단을 내릴 수 있는 내부적인 조건이 갖춰진 곳입니다.

북한은 다릅니다. 핵 문제를 해결하면 당장 제재는 풀 수 있겠지만, 그 대가로 거둘 수 있는 경제적 효과가 뚜렷하지 않습니다. 이란의 풍

부한 석유처럼 확실한 내부 자원이 없는 북한은 외부로부터 경제적 지원이 들어온다는 확신이 있어야 합니다. 미국을 비롯한 나머지 6자회담 참가국들이 북한에 어떤 경제적 반대급부를 얼마나 줄 수 있는지에 대한 전망이 서지 않으면, 북한은 회담에 나오지 않습니다. 압박으로만 해결될 문제가 아닙니다.

그렇다면 북한은 내부적 조건도 갖추지 못한 곳이니, 더 세게 압박을 가하면 죽지 않기 위해서라도 회담에 나올까요? 지금까지의 북한의 행태와 제가 상대해본 북한을 봤을 때 그럴 가능성은 높지 않습니다. 끝까지 물고 늘어지고, 없는 살림에도 어려움을 참고 견디는 북한 특유의 기질이 있기 때문이기도 합니다.

조정자 한국?
남북 관계의 갈피를 잡는 것부터

질문 한국이 6자회담에서 협상의 조정자 역할을 하려면 남과 북의 신뢰가 전제되어야 합니다. 정부는 2016년부터 남북협력기금의 예산 구조를 바꾸겠다고 밝혔습니다. 기존에 북한을 지원하는 개념에서 개별 협력사업 중심으로 바꾸겠다는 건데요. 이렇게 되면 쌀이나 비료의 대규모 지원은 사실상 없어집니다. 북한이 남한에게 바라는 것이 이러한 형식의 지원인데, 이로 인해 남북 관계에서 문제가 생기지는 않을까요?

우리가 예전에 미국에서 원조를 받을 때 '푸드 포 워크'(Food for work)

방식이었습니다. 일하면 먹을 것을 준다는 겁니다. 가난한 사람들한테 일방적으로 먹을 것을 주는 것이 아니라 일을 하는 대가로 주어야 한다는 것이지요. 김대중 정부 당시 야당이었던 한나라당의 일부 의원들도 쌀과 비료를 그냥 주지 말고 이런 개념으로 지원해야 하는 것 아니냐는 의견을 내놓았습니다. 그래야 도덕적 해이가 발생하지 않는다는 것이었죠.

2015년, 정부는 모자보건사업이나 복합농촌단지사업 등을 중심으로 대북 지원을 바꿔나가겠다는 방침을 세웠습니다. 2014년 드레스덴선언에서 언급됐던 사업들인데, 결국 드레스덴선언의 변형이라고 할 수 있죠. 나무 심는 사람들에게 먹을 것을 주고, 농촌을 개량하는 데 필요한 자재와 장비를 주는, 프로젝트별로 지원을 해주겠다는 것인데 북한이 이걸 받을지 모르겠습니다. 자존심이 걸려 있는 문제이기 때문입니다.

사실 다른 나라가 이렇게 한다고 하면 상관없습니다. 가령 중국이나 미국이 일한 만큼 주겠다고 하면 북한은 받을 수 있습니다. 그런데 남한이 이런 방식으로 준다고 하면 자존심 문제가 나옵니다. 우리에게 북한이 그냥 다른 나라가 아니듯이, 북한 역시 우리가 '남'은 아니기 때문입니다.

그리고 기존에 쌀과 비료를 대규모로 지원했다고 하는데, 지원 수량을 돈으로 환산하면 2조 원 정도입니다. 쌀과 비료 지원이 평화를 유지하기 위한 기반 사업이라고 생각한다면, 무기를 사들이는 것보다 훨씬 저렴하게 평화를 지킬 수 있었던 것입니다.

한국 역할론이 필요하다 1

-목함지뢰 사건

2015년 8월 4일, 비무장지대(DMZ)에서 북한군이 매설해둔 목함지뢰가 폭발하여 우리 장병 2명이 부상을 입었다. 이에 국방부는 가혹한 대가를 치르게 해주겠다면서 대북 확성기 방송을 재개했다. 2004년 이후 11년 만에 재개된 확성기 방송으로 인해 광복 70주년을 전후로 남과 북의 긴장은 최고조에 달했다. 북한은 20일, 48시간 내에 확성기 방송을 중단하지 않으면 군사적 행동을 개시할 것이라고 위협하는 한편 김양건 통일전선부장 명의의 통지문을 보내 관계 개선의 출로를 열기 위해 노력할 의사가 있다고도 전했다. 이에 22일 오후 남과 북은 오랜 협상에 들어갔다.

무박 4일 동안 열린 마라톤 협상 끝에 25일 새벽, 양측은 확성기 방송을 중단하고 남북 당국 대화를 개최하며 이산가족상봉을 성사시키고 교류를 활성화하기로 합의했다. 이어 10월, 이산가족상봉은 열렸지만 남북 관계는 별다른 진척을 보이지 못하고 말았다. 2015 0812

지뢰가 터지는 평화공원

질문 2015년 8월 4일 비무장지대(DMZ)에서 북한군의 목함지뢰가 폭발했습니다. 이 때문에 우리 군 2명이 부상을 입었는데요. 북한군이 일부러 매설한 것이 유력해 보입니다. 북한은 그 시점에 왜 이런 일을 벌인 걸까요?

북한 입장에서는 더 이상 박근혜 정부와의 대화가 불가능하다고 판단한 것 같습니다. 박근혜 정부가 추진하고 있는 대북 정책에 대한 거부감이 이런 식으로 나타난 것입니다. 2015년 8월 5~8일 동안 이희호 여사와 함께 북한을 방문했던 사람들을 만나 현지 사정을 좀 들어보니, 북한 내에서는 박근혜 정부에 대한 기대를 접으려는 분위기가 있었다고 합니다.

방북단에는 임동원 전 통일부 장관을 비롯해 2000년 남북 정상회담을 성사시키는 데 핵심적인 역할을 했던 인사들이 빠졌습니다. 북한은 박근혜 정부가 고의적으로 이 인사들을 제외시켰다고 판단하고 있었습니다. 남쪽 정부가 의도적으로 6·15남북공동선언의 의미를 퇴색시키려고 하는 것이라고 생각하는 것이죠. 박근혜 정부가 말로는 6·15를 존중한다고 해놓고 실제로는 이런 식으로 나오니까, 남한 정부와 더 이상 이야기할 것이 없는 것 아니냐는 정서가 있었다고 합니다.

이런 흐름의 연장선상에서 북한은 DMZ에 지뢰를 매설했습니다. 결국 이 이야기는 박근혜 정부에 DMZ세계생태평화공원은 꿈도 꾸지 말라는 메시지를 전한 것이라고 해석할 수 있습니다. 155마일에 이르는 남북의 군사분계선으로부터 남과 북으로 2km 거리를 두고 철조망이 설치되어 있습니다. 그 철조망과 철조망 사이가 '비무장지대'(DMZ, De-Militarized Zone)이죠. DMZ 안은 지뢰밭인 관계로 사람의 출입하기 어려우며 그 덕분에(?) 생태계가 잘 보존되어 있습니다. 박근혜 대통령은 여기서 아이디어를 얻어 DMZ 일부 구간의 지뢰와 철조망을 걷어내고 세계생태평화공원을 만들자고 북한에 제안했지만, 북의 대답은 지뢰인 셈이죠. 지뢰 밭에 평화 공원 만들겠다? 웃기는 소리하지 말라는 겁니다.

원래 DMZ 안에는 남북이 각자 자신의 지역에 지뢰를 설치합니다. 자기들이 매설한 지역을 알기 때문에 피해 다니는 것이죠. 그런데 이번처럼 상대방의 지역에 지뢰를 매설하는 일이 또 발생한다면 DMZ는 정말 위험한 지역이 됩니다. 북한이 노리는 것이 바로 이겁니다. 이렇게 위험한 지역에 공원을 만들 수는 없겠죠.

한편 지뢰가 폭발한 다음 날, 철원의 백마고지 지역에서는 경원선을 복원하는 기공식이 열렸습니다. 북한과 협의가 되지 않아 일단은 남쪽 선로만 복원하게 되어 있는데, 이러한 일방적 철로 복원 역시 받아들이지 않겠다는 메시지도 있습니다. 철로 복원은 곧 박근혜 정부가 구상하고 있는 '유라시아 이니셔티브'를 이루기 위한 중요한 작업인데, 이러한 부분에서도 제동을 걸겠다는 겁니다.

박근혜 정부의 DMZ세계생태평화공원, 경원선 복원 등을 막으려면 DMZ 내에서 긴장을 고조시켜야 합니다. 그러려면 남한에서 대응하지 않을 수 없는 사건이 터져야 합니다. 실제로 정부는 지뢰 폭발이 있고 나서 대북 확성기 방송을 재개하지 않았습니까? 여기에 북한은 군사적 대응을 할 수 있을 것이고, 그렇게 되면 박근혜 정부가 구상했던 정책들은 다 날아가는 겁니다.

북한이 원하는 게 무조건적인 긴장 고조는 아닐 겁니다. 사건이 터진 것이 2015년 8월, 박근혜 정부 임기가 절반을 지나는 때입니다. 정권 내에서는 '정권의 유산' 차원에서 임기 후반부까지 북한과 아무것도 못하고 끝낼 수는 없다는 생각이 들 것이고, 남한 내부 여론도 북한과 아무런 관계 개선도 하지 못한 것에 대한 비판이 나올 겁니다.

북한은 이 부분을 노린 것입니다. 임기 후반부에도 계속 이런 상태로 남북 관계를 끌고 가고 싶지 않다면, 대북 정책을 바꾸라는 메시지를 박근혜 정부에 보내는 것이죠. 북한이 강하게 압박하면 반북 정서가 높아지는 측면도 있지만, 이렇게 하면 남북 관계가 불안해서 살겠느냐는 여론이 일어날 수도 있습니다. 이런 여론을 일으켜 그동안 박근혜 정부가 펼쳤던 대북정책을 전환시키려는 일종의 '역발상 전략'이었다고 봅니다.

유연한 결단으로 위기를 타개할 것

질문 남과 북은 2015년 8월 22~25일 4일 동안 장장 44시간의 고위급 접촉 끝에 한반도 긴장을 완화하는 데 합의했습니다. 북한은 지뢰 폭발로 인해 남한 군인이 부상을 입었다는 점에 유감을 표명했습니다. 이에 대해 북한이 진심으로 사과한 것이 아니라는 평가도 나옵니다.

과거 북한의 소행으로 밝혀진 도발 사건을 수습할 때와 똑같은 수준으로 정리된 것이라고 봅니다. 북한은 지금까지 자신들이 도발을 저질렀다고 표현한 적이 없습니다. 이번에도 마찬가지입니다.

1996년 강릉 잠수함 침투 사건과 2002년 6월 제2연평해전 사건 때도 북한은 자신들의 소행임을 밝히지 않았습니다. 동해상에서 불상사가 있었다는 것에 유감을 표명한다, 서해상에서 충돌이 일어난 것에 유감을 표명한다, 뭐 이런 정도였습니다. 마치 남 말 하듯 '유체이탈 화법'을 구사하는 겁니다.

남과 북이 25일 합의한 공동 보도문에는 "북측은 최근 군사분계선 비무장지대 남측 지역에서 발생한 지뢰 폭발로 남측 군인들이 부상을 당한 것에 대해 유감을 표명하였다."라고 명시되어 있습니다. 정부는 '북측은'으로 문장이 시작된다는 점에 주목하면서, 북한이 주체를 명시했다는 점을 강조했습니다. 그리고 이어서 '지뢰 폭발'이라는 단어가 나온다면서 북한이 지뢰 도발을 자신들의 소행이라고 자인한 것이나 다름없다는 식으로 해석하고 있습니다. 그런데 이게 우선 문법적으로 맞는 해석인지 의문입니다.

또한 우리 정부는 이 조항을 보고 '박근혜 대통령이 일관되게 유지했던 원칙이 통했다'는 식으로 평가했습니다. 나아가 북한이 박근혜 대통령의 원칙에 굽히고 들어왔다는 식으로도 이야기했습니다. 그런데 박근혜 대통령이 정말 원칙을 지킨 것이었다면 공동 보도문에 '북한은 자신들이 매설한 지뢰 폭발로 인해 부상자가 생긴 것에 대해 시인하고 사과했다. 그리고 재발방지를 위해 약속했다.' 정도의 조항이 들어갔어야 합니다. 박근혜 대통령이 공동 보도문 발표 전날인 24일, 공개적으로 제시한 가이드라인에서 북한의 지뢰 도발을 비롯한 도발 행위에 대한 사과, 재발 방지가 가장 중요한 사안이고 이를 받아내는 것이 회담의 목적이라고 밝혔기 때문입니다. 그런데 12시간 뒤에 나온 공동 보도문은 이를 온전히 담아내지 못했습니다.

결국 박 대통령이 오전에 지키려던 원칙을 심야에 스스로 바꿔버린 것이라고 해석할 수 있는 부분입니다. 그런데 중요한 것이 있습니다. 박근혜 대통령이 바로 이 '원칙론'에서 벗어나 아량 있는 자세로 북한과 협상에 임했기 때문에 한반도의 긴장 고조와 군사적 충돌을 예방할 수 있었다는 점입니다. 따라서 이 사건에서는 박근혜 대통령의 원칙론이 통했다는 것에 의미를 둘 것이 아니라, 오히려 박근혜 대통령이 아량을 베풀었기 때문에 합의를 이끌어낼 수 있었다는 점을 평가해야 합니다. 청와대가 이에 대해 "박근혜 대통령이 앞으로의 남북 관계를 원만하게 풀어가기 위해 지뢰 도발에 대한 북한의 시인·사과, 재발방지, 책임자 처벌 부문에서 유연성을 발휘했고, 북한은 여기에 대한 보답 차원에서 박근혜 대통령이 제시한 여러 사업들을 추진하자고 약속했다." 라고 설명했다면 어땠을까요? 불통 대통령의 이미지를 극복하고, 유연하고 실용적으로 접근하는 열린 대통령이라는 이미지를 국민들에게 각인시킬 수 있었을 겁니다.

지금 북한이 우리 원칙론에 끌려왔다든지 북한이 드디어 굴복했다든지 하는 여론을 조성하면, 앞으로 계속 이런 문구로 북한과 실랑이를 해야 합니다. 이렇게 흐름을 잡기보다는 우리가 아량 있는 자세로 북한을 상대해 앞으로 남북 관계를 안정적으로 관리할 수 있는 계기를 만들었다고 평가하는 것이 향후 남북 관계의 발전을 위해서도 바람직

합니다.

박근혜 대통령이 국내 보수층의 눈치를 보고 계속 보수 여론의 포로가 되면 남북 관계에 기대할 것이 없습니다. 이 사건에서처럼, 아침에 했던 이야기를 저녁에 바꿀 수 있는 용기를 가져야 합니다. 원칙을 고수하지 않고 막판에 아량을 베풀었더니 북한이 드디어 우리 품에 들어왔다고 솔직히 설명하고 설득하는 작업이 필요합니다.

질문 결국 박근혜 대통령이 공개적으로 제시한 협상 목표를 수정한 셈입니다. 물론 남과 북 사이의 군사충돌이라는 최악의 사태를 막아야 한다는 급박한 현실적 필요성도 있었겠지만, 당장의 남북 관계의 획기적 진전에 나서겠다는 결심을 한 것으로 볼 수 있을까요? 임기 반환점을 돈 상태에서 남북 관계 개선을 통해 대통령으로서의 업적을 남기겠다는 의도였을까요?

원칙을 고수하다가 위기가 올 수 있다는 현실적인 문제 때문에 북한과 어느 정도 선에서 타협하고 이 국면을 넘겨야 한다는 판단이 있었을 것으로 보입니다. 만약 업적을 남기기 위해 이런 태도를 취한 것이라면 남은 2년 반을 기대해볼 만합니다. 제발 업적을 챙기기 바랍니다. 앞으로도 이런 자세로 북한과 하나씩 일을 추진해간다면 남북 관계도 개선되는 방향으로 나아갈 겁니다.

북이 얻은 것은 표면적으로 확성기 방송을 중단시켰다는 것입니다. 하지만 숨어 있는 성과도 있습니다. 바로 5·24조치와 연계된 천안함 문제입니다.

남한은 북한이 지뢰 사건에 대해 유감을 표명하자 대북 확성기 방송을 중단하면서 사건을 마무리했습니다. 이런 방식을 2010년 발생한 천안함 사건에 대해서도 적용할 수 있습니다. 가령 2010년 봄 서해상에서 잠수함으로 인해 또는 서해상에서의 사건으로 인해 많은 인명이 살상된 것에 대해 유감을 표명한다는 식으로 마무리할 수 있는 여지가 생긴 것입니다. 이번에 우리 대표단이 이런 부분까지 생각하고 협의를 진행했는지는 모르겠습니다. 북한이 조만간 이런 식으로 5·24조치 해제를 이야기할 수 있으리라 생각합니다. 논리적으로도 문제될 것이 없기 때문입니다.

이산가족상봉과 관련해서는 보도문에 "앞으로 계속하기로 하였으며"라는 표현이 명시적으로 나왔지만, '계속'이라는 단어를 보고 북한이 어떤 생각을 했을까를 추정해봐야 합니다. 북한 입장에서는 이산가족상봉을 계속하려면 일정한 조건이 충족돼야 합니다. 즉 북한의 의도는 이산가족상봉이 인도적 사업이기 때문에 그에 상응한 인도적 지원을 계속 해달라는 이야기입니다. 쌀과 비료를 지원해달라는 겁니다.

김대중, 노무현 정부 때 16회에 걸쳐 이산가족상봉이 이뤄졌지만 이때 북한 정권의 책임자들이 인도주의적이어서 이산가족상봉이 지속되었을까요? 절대 아닙니다. 우리한테는 이산가족상봉 사업이 인도적일 수 있지만, 북한은 그렇지 않습니다. 인도주의라는 명목으로 추진되는 이산가족상봉 현장이 북한에게는 남과 북의 체제 차이가 극명하게 드러나는 가슴 아프고 속상한 현장입니다. 이걸 상쇄할 수 있었던 것이 쌀과 비료였습니다. 북한은 남북 당국회담에서 이산가족상봉과 쌀, 비료 지원을 상호 연관시키는 구도를 짜고 싶어 할 것입니다.

남북 관계 개선은 철저히 '남한의 능력' 문제

이번 합의가 남북 관계 개선의 계기로 작용할 수 있을지 여부는 우리에게 달렸습니다. 북한이 이런 합의서를 성실히 이행하리라고 기대하는 것은 솔직히 '연목구어'(緣木求魚)입니다. 모처럼 무박 4일 협상을 통해 합의를 만들어냈다면, 이것이 이행될 수 있도록 상황을 조성해서 끌고 나가는 것은 우리 책임이고 능력의 문제입니다.

북핵 문제를 돌이켜보면, 문제의 책임 당사자 중 하나인 미국이 사사건건 철저한 일대일 상호주의를 견지했기 때문에 진전을 보지 못했습니다. 이번 합의 이후에는 남한이 경제적으로도 여유가 있으니까 대범하고 포용적인 태도를 보이는 것이 필요합니다. 대북 인도적 지원도 넉넉하게 하고, 금강산 관광도 재개해서 북한이 남한과 경제·사회·문화적 교류협력을 포기할 수 없도록 판을 짜야 합니다. 이후에 정치·군사적 상황을 풀어나가는 겁니다.

북한이 비핵화 의지를 행동으로 보여줘야 한다는 '북한 선 행동론 프레임'을 남북 관계에 적용하면 관계 개선은 어려워집니다. 북한이 하는 것 봐가면서 지원해주겠다, 경제협력의 속도를 조절하겠다는 식의 선 행동론보다는, 남북 관계만큼은 남한이 선도한다는 입장을 취하고 사업을 추진하면 북한은 분명 협조적으로 나올 것입니다. 특히 북한에게 합의사항을 이행해나가면 이득을 얻을 수 있다고 체감하게 해주는 것이 중요합니다.

북한은 사고를 치는 능력은 있지만 수습하는 능력은 없습니다. 반면 남한은 사고 한 번 쳐보자는 배짱은 없지만, 사고를 수습할 능력은 있습니다. 그렇다면 북한이 하는 것 봐가면서 한반도 상황을 관리하겠다는 생각은 버려야 합니다. 남한이 상황을 주도하고 선도해나간다는 자세를 가지고, 합의 이행을 위해 필요한 여건을 우리가 사전에 주도적으로 조성해나가야 합니다. 여기에서 북한이 빠져나가기 어려운 여건을 조성하는 것이 중요합니다.

사실 이번 접촉만 해도 북한이 긴장을 한껏 고조시킨 이후에 대화를 제의했고, 우리가 이를 수용하는 모양새가 됐습니다. 냉정하게 따지면 북한의 페이스였던 측면이 있습니다. 그런데 이렇게 상대의 행동에 따른 대응만 하고 있으면 남북 관계를 주도하기 어렵습니다. 우리가 남북 관계를 어떻게 끌고 갈지 큰 그림을 그려놓고, 그 그림 아래에서 구체적인 전략·전술을 가지고 북한을 상대해야 합니다. 거의 모든 분야에서 우리가 북한보다는 위에 있는데, 왜 스스로 수준을 떨어뜨려서 북한과 일대일로 놀려고 하는지 모르겠습니다.

질문 이번 남북 고위급접촉은 지뢰 폭발과 포 사격으로 촉발되었습니다. 그렇다면 남과 북의 군사적 신뢰 구축을 위한 군사회담을 열어야 하는 것 아닙니까?

물론 필요합니다. 하지만 군사회담은 쉽지 않습니다. 군사적 긴장을 해소해야, 서로가 이득을 볼 수 있는 상황이 먼저 조성되어야 군사회담이 성사됩니다. 김대중, 노무현 정부 시절에 있었던 국방장관회담도 그랬습니다. 경제·사회·문화 분야에서 남북 교류협력이 활성화된 상태에서, 군사적 긴장이 조성되면 이것들이 무너질 수 있다는 위기의식이 나오게 됩니다. 이럴 때 군사회담을 제안하면 북한은 받습니다. 즉 군사회담을 열면 기존의 교류협력이 더 활성화되고 남과 북 모두 여러 가지 이득을 볼 수 있다는 생각이 들 때 군사회담이 성사되고, 합의에도 도달할 수 있습니다.

대표적인 것이 2004년 장성급회담입니다. 당시 회담에서 서해상 남북 함정 간 무력충돌을 방지하기 위한 상호 협력, 무선 교신 등이 합의됐습니다. 이후 군사실무회담에서 비무장지대 확성기 방송을 중지하는 것까지 합의했습니다. 이처럼 군사적 문제에 대해 원활한 협의가 가능했던 이유는 남한에 협조하지 않으면 쌀·비료 지원이 제대로 되지 않을 것임을 북한 군부가 알았기 때문입니다.

질문 북한의 목함지뢰 도발이 한국과 중국을 이간질하기 위한 시도라는 평가도 있습니다. 구체적으로 박근혜 대통령의 2015년 9월 3일 중국의 제2차 세계대전 전승기념식 참석을 방해할 목적이라는 주장이죠.

만약 북한이 그럴 생각이었다면 계속 버티고 있었겠죠? 하지만 북한은 우리보다 먼저 현 상황에 대해 대화하자고 제의했고, 고위급접촉을 통해 합의도 이끌어냈습니다.

북한의 목함지뢰가 폭발한 것이 2015년 8월 4일입니다. 9월 3일까지는 한 달이나 남았는데, 그걸 내다보고 긴장을 조성했다는 것은 설득력이 부족합니다. 정말 그럴 의도가 있었다면, 2015년 전승절을 대단히 중요하게 생각하고 있고, 한반도에 군사적 이해관계가 있는 중국이 그냥 보고만 있었을 리가 없습니다.

한국 역할론이 필요하다 2

–중국 전승절의 추억

한국 정상으로는 처음으로 박근혜 대통령이 중국 베이징 톈안먼 성루에 올라섰다. 중국의 항일전쟁 및 세계 반(反)파시스트 전쟁 승리 70주년을 기념하는 열병식을 참관하기 위해 서였다.
시진핑 중국 국가주석은 박근혜 대통령을 극진히 대접했다. 박근혜 대통령은 시진핑 주석을 중심으로 블라디미르 푸틴 러시아 대통령 바로 옆에서 열병식을 지켜봤다. 북한에서 참석한 최룡해 조선로동당 비서가 성루 앞쪽 끝 부분에 서 있는 것과는 대조적인 모습이었다. 이 장면을 놓고 달라진 한중·북중 관계를 보여주는 상징이라는 분석이 곳곳에서 제기됐다.
하지만 '공짜 점심'은 없는 법. 중국은 미국에 보여주기 위해 일부러 박근혜 대통령을 시진핑 주석과 가까운 자리에 배치한 것으로 보인다. 한국이 미국에만 경도되어 있는 국가가 아니라는 점을 전 세계에 보여주면서, 중국의 영향력을 과시하려고 했을 것이다.
또 하나의 이유는 바로 사드. 중국은 전승절에 참석한 귀빈 30명 가운데 유일하게 박근혜 대통령과 오찬 회담을 가졌다. 그만큼 중국이 한반도 내 사드 배치를 막으려는 의지가 강함을 드러냈다. 이제 박근혜 정부는 미국과 중국 사이에서 아슬아슬한 줄타기를 해야 하는 상황에 처했다. 2015 0906

미국에겐 불편했을 한국의 중국 전승절 기념식 참석

미국 입장에서는 한국이 AIIB에 가입한 것보다, 전승절 기념식에 참석한 것이 더 불편했을 겁니다. AIIB는 미국 중심의 경제질서를 상징하는 세계은행(WB), 국제통화기금(IMF)과 대척점에 있습니다. 하지만 미국의 동맹이라고 할 수 있는 영국이나 독일도 미국의 뜻과는 다르게 AIIB에 가입했습니다. 게다가 AIIB는 중국이 추진하고 있는 '일대일로'(一帶一路)와 연결되어 있습니다. AIIB에 일정 정도 지분을 가지고 있어야 중국 내 개발 사업에 참여할 수 있습니다. 구체적인 큰 이익이 있는 문제 앞에서, 경제적으로 그만큼 줄 것이 없는 미국이 덮어놓고 가입하지 말라고 하기도 곤란하지요.

그런데 전승절 참석은 좀 다릅니다. 미국 입장에서는 중국의 '대국굴기'(大國屈起) 선언이라고 할 수 있는 전승절에 한국이 참석하는 것이 불편했을 겁니다. 중국은 아시아의 주인 자리는 물론 전 지구적 차원에서도 '신형대국 관계'(新型大國關係)를 언급하며 미국과 어깨를 나란히 하려고 합니다. 미국은 이를 견제하기 위해 미일 동맹을 강화하는 동시에 이를 한미 동맹과 연결시키려고 합니다. 미국 생각에는 한국이 미국 중심의 반(反)중국 전선의 오른쪽 날개가 되어야 하는데, 날개는커녕 대열에서 이탈해 톈안먼 성루 위에 서 있었으니 속상했을 겁니다.

그런데 한국은 중국 전승절에 참석할 수 있는 자격이 있는 나라입니다. 미국의 다른 동맹국들과 다릅니다. 중국이 항일전쟁 승리를 이번 전승절의 주제로 잡았으니, 유럽 정상들은 참석할 이유가 없습니다. 전범국이자 패전국인 일본은 애초부터 이 자리에 참석할 수 없는 국가입니다.

박근혜 대통령이 2015년 전승절 참석이 국제정치적으로 어떤 의미가 있는지 정확히 인지했는지는 모르겠습니다. 어쨌건 이를 통해 한국은 미국과 중국 사이에서 일종의 등거리외교를 하는 것으로 비춰지게 됐습니다. 우리가 미국에 무조건 따라가지만은 않는다는 메시지를 보낸 것이죠. 미국 앞에서 벌벌 떠는 나라가 아니며, 우리를 필요로 하는 나라가 있다는 사실을 미국에 확실하게 인식시켰다는 측면에서 상당한 의미가 있습니다. 앞으로도 이러한 방식의 외교를 펼쳐가길 바라며 긍정적으로 평가하고 싶습니다.

혹여 앞으로 군사·외교적으로 미국의 보복이 뒤따르는 것 아니냐며 걱정하는 목소리도 나옵니다. 하지만 한국은 지정학적 위치가 절묘합니다. 미국의 보복 행위가 자유롭게 전개되기는 어렵습니다. 이런 절묘함은 원래 북한이 한껏 누려왔지요. 만약 미국이 중국과 지리적으로 가까운 나라에 대해 불이익을 주거나 압박을 가해오면, 중국은 이때를 노려 회유책을 쓰면서 이들 국가를 자기편으로 끌어들이려고 할 것입니다. 미국이 운신할 수 있는 폭이 넓어지기 힘든 구조입니다.

국제정치 영역에서 우리의 몸값이 높아지는 시발점이 됐다는 측면을 고려해서 앞으로 이를 잘 활용해야 합니다. 옛 친구를 버리자는 것이 아닙니다. 옛 친구와 새 친구 모두와의 관계를 심화시켜가면서 북핵 문제 해결에 있어서도 진전을 이뤄낼 수 있는 기회를 잡아야 합니다.

질문 텐안먼 성루에 있었던 박근혜 대통령과 북한 최룡해 당 비서의 모습을

비교하면서, 남한의 외교적 위상이 북한과 비교도 안 되게 커진 것 아니냐는 평가도 나오고 있습니다. 향후 북중 관계가 여전히 냉랭할 것이라는 관측도 나오는데요.

텐안먼 성루 사진이 상징하는 바가 상당히 큽니다. 한국은 중국에게 매우 중요한 나라가 되었습니다. 그렇다고 북한이 중국한테 쓸모없는 나라가 된 것도 아닙니다. 그런 이유로 박근혜 대통령을 극진히 대접한 것은 아닙니다.

중국이 박근혜 대통령에게 특별한 신경을 쓴 이유는 미국에게 보여주기 위한 측면이 있습니다. 다음으로 한국으로부터 받아낼 수 있는 반대급부가 크다는 점도 있습니다. 사드 문제입니다.

이후 2015년 10월에 한미 정상회담이 예정되어 있었습니다. 중국은 정상회담 전에 사드에 대한 고민을 할 수밖에 없습니다. 중국은 한국에 사드가 배치되지 않거나, 최소한 배치를 연기시키는 것을 목표로 했을 것이고, 이를 위해 박근혜 대통령에 공을 들였다고 봅니다.

중국 입장에서 한국 내 사드 배치는 상당한 타격입니다. 만약 배치가 결정되면 한국에 대한 경제적 보복을 시도할 겁니다. 중국이 경제적 보복을 하면 우리 경제에는 큰 타격이 오겠죠. 전승절 기간 중에 화려하고 멋진 장면들이 많이 찍혔지만, 그 속에서 박근혜 대통령은 많은 고민을 해야 했을 것입니다.

중국은 2014년 7월, 시진핑 주석을 시작으로 추궈홍 주한 중국대사, 2015년 2월에는 창완취안 국방부장까지 지속적으로 사드 배치에 반대한다는 입장을 밝혀왔습니다. 중국이 전승절에 참석한 귀빈들 30명 가운데 유일하게 박근혜 대통령과 오찬 회담을 한 이유를 여기서 유추해 볼 수 있습니다. 특별한 대접을 받은 것일 수도 있지만, 유일하게 이야기를 해야 할 주제가 있는 사람이었으니 오찬까지 함께한 것 아니겠습니까?

일부에서는 중국이 손님을 모셔놓고 밥 먹으면서 불편한 이야기를 했겠냐고 합니다. 하지만 원래 긴요한 이야기는 밥을 사면서 하는 겁니다. 우리도 보통 간절하게 해결할 문제가 있으면 밥을 사지 않습니까? 저는 박근혜 대통령과 시진핑 주석의 회담이 오찬으로 이어진다고 하길래 '시진핑 주석이 박근혜 대통령을 잘 대접하는 것 같지만 이제 압박을 넣겠구나.' 하는 생각이 들었습니다.

최룡해 당 비서에 대한 대우 문제도 달리 생각해볼 측면이 있습니다. 최룡해가 톈안먼 성루 맨 앞줄 끝에 앉았다면서, 중국이 북한을 무시한 것이라는 평가를 내리기도 합니다. 그런데 의전 서열상으로만 본다면 최룡해 당 비서가 그 자리에 앉아 있는 것만으로도 중국은 북한을 상당히 배려한 겁니다. 최룡해가 국가원수급은 아니니까요. 최룡해 당 비서의 북한 내부 서열로 보자면, 뒷줄에 서야 하는 것이 맞거든요. 그런데 앞줄 끝에 자리를 했으니 나름 대접받은 겁니다. 중국이 아직은 북한을 버리지 않고 체면을 세워줬다는 것을 확인할 수 있습니다.

지난 2015년 5월 러시아에서 열린 전승절에는 북한 김영남 최고인민회의 상임위원장이 참석했는데 중국에는 최룡해 당 비서를 파견했으니, 북한이 중국을 다소 격이 떨어지게 대접한 것은 아니냐는 이야기도 나옵니다. 하지만 최룡해 당 비서는 1937년 6월 보천보 전투를 승리로 이끈 빨치산 대장 중 한 명인 최현의 아들입니다. 더군다나 최룡해는 지난 2013년 김정은 국방위원회 제1위원장의 특사로 시진핑 주석과 만난 적도 있습니다. 이러한 점을 생각해보면, 최룡해 당 비서는 중국 전승절에 참석하기에 딱 좋은 인물이었습니다.

2013년 장성택 국방위원회 부위원장이 처형된 이후, 그가 추진하던 중국 경제협력 프로젝트가 전부 끝난 것 아니냐는 관측이 나왔었습니다. 최근에 북한과 중국 접경 지역을 다녀올 기회가 있었는데요, 현장을 보니 꼭 그렇지만은 않았습니다. 황금평 개발이 원활하게 이뤄지고 있는 것은 아니지만, 6층짜리 건물이 하나 올라가고 있었습니다. 알고 보니 그 건물은 중국 정부가 투자해서 짓고 있는 국경사무소였습니다. 중국이 황금평 개발을 완전히 포기하기로 했다면 국경사무소를 짓고 있을 이유가 없겠지요. 앞으로 북한을 끌어안는다는 차원에서 중국이 돈을 대고, 수익을 나눠 갖는 식의 프로젝트를 하겠다는 것입니다. 이번에 최룡해 당 비서가 중국을 방문한 이유가, 장성택 부위원장이 추진하던 프로젝트를 이어서 하자고 제안하기 위함일 수도 있습니다.

한편으로는 중국이 박근혜 대통령을 융숭하게 대접했기 때문에 북한이 반사 이익을 얻을 수도 있습니다. 상대적으로 초라해진 북한이 섭섭하게 느낄 수도 있다는 점에서, 중국은 전승절 행사 이후 북중 관계를 관리하려고 할 것입니다. 유엔안보리의 제재가 아직 살아 있기 때문에 정치·외교적으로 완전한 관계 개선은 어려울 수 있지만, 경제적으로는 북한에 실익을 주려는 움직임이 일어날 수도 있습니다.

등거리 외교로 시작하는 '한국 역할론'

질문 박근혜 대통령의 전승절 참석이 한국 외교의 위상이 그만큼 올라갔다는 것을 보여주는 상징적인 장면이었다는 평가가 많습니다. 그렇다면 높아진 위상을 북핵 문제 해결을 위해 활용할 수는 없을까요? 지금보다 선도적으로 북핵 문제 해결에 나설 수 있다는 것을 객관적으로 보여준 것 아닌가요?

박근혜 대통령과 시진핑 주석은 6자회담의 재개 필요성에 대해 의견을 같이 했다고 밝혔습니다. 하지만 겉으로는 같은 이야기를 하는 것 같은데요, 속내는 다릅니다. 박근혜 대통령은 북한의 선 행동과 중국의 역할을 의중에 둔 6자회담 재개를, 시진핑 주석은 북한의 선 행동을 이끌 수 있는 미국의 선 행동이 필요하다는 입장을 강조한 것으로 보입니다. 한국이 정말 외교적 위상이 높아졌다면, 2015년 10월 한미 정상회담에서 미국의 선 행동을 끌어낼 수 있는지를 봐야 할 겁니다.

미국의 현재 상황을 보면 북핵 문제 해결에 적극적으로 나설 상황이 아닌 듯합니다. 오바마 대통령은 이란 핵 협정 비준에 전력을 기울이고 있습니다. 임기도 1년밖에 남지 않았습니다. 이런 상황에서 한국이 미국을 끌어낼 가능성이 있을까 의문이 드는 것도 당연합니다.

우리로서는 미국의 차기 정부를 기다리는 방법밖에 없어 보입니다. 다음 정부가 클린턴 정부 또는 부시 정부 말처럼 북한의 요구를 들어주면서 북핵 문제를 풀겠다고 하는 식의 대북 정책 기조를 가지고 나오길 기대해야 합니다. 하지만 그럼에도 미국이 6자회담에 나와야 한다는 이야기를 계속해주는 작업은 필요합니다.

한편으로는 유력한 대권 후보인 힐러리 클린턴이 미국 대통령에 당선된다면 기대해볼 만한 측면도 있습니다. 2005년 9·19공동성명의 4항이었던 평화협정 문제를 협의의 우선순위로 끌어올릴 수 있을 겁니다. 물론 그렇게 하려면 미국이 중국을 견제하려는 것보다는, 키신저가 이야기하는 것처럼 중국과 공존하는 아시아정책을 채택해야 합니다. 이렇게 되면 미국은 북한을 악마로 만들 필요가 없습니다.

미국이 떠오르는 중국과 협조 관계를 설정하고, 아시아가 아닌 다른 곳에서 국제정치적 역량을 키울 여지를 찾아야 할 필요도 있습니다. 제2차 세계대전 이후 초강대국이었던 소련이 망한 이유는 군비 경쟁 때문이었습니다. 인민 경제와 군사 경제, 두 축으로 끌고 갔지만 결국 군사 경제가 중심이 되었고 인민의 경제가 주저앉은 겁니다.

군산복합체 중심으로 경제가 돌아가는 미국도 비슷한 상황에 직면할 수 있습니다. 군산복합체의 무기가 판매되려면 미국에게는 '악마'가 필요합니다. 북한 같은 존재 말입니다. 이 악마를 처단한다는 명분으로 무기 수요가 창출되고, 이를 통해 군산복합체가 돈을 버는 방식이 지금까지 미국 경제를 이끌어 온 힘입니다.

그런데 제2차 세계대전 직후 세계 평화를 지키는 경찰로서의 미국의 역할은 더 이상 없는 것 같습니다. 어딘가에는 악마를 만들어놓고 그 핑계로 경제를 굴려야 하는 상황에서 중국과 공존할 수 있는 가능성은 여전히 의문이지만, 계속 이렇게 갈 수는 없다는 점을 미국이 인지할 필요도 있습니다.

질문 결국 우리가 주도해서 실질적 변화를 일으킬 수 있는 부분은 남북 관계겠지요. 2015년 8월 25일 남북 고위급접촉에서 이룬 합의 이후, 남한에서는 대규모 합동화력시험을 했고 김정은 참수작전 이야기까지 나왔습니다. 박근혜 정부가 남북 관계 개선에 의지가 있는지, 그저 국내정치용으로 북한과 합의를 이끌어낸 것인지 의문입니다.

참수작전에 대한 이야기는 김관진 국가안보실장의 지시에서 나온 것 같지는 않습니다. 군복을 입은 사람들이 이런 생각들을 하는 경우가 많습니다. 북한이 확성기 방송에 벌벌 떠는 것 같아 보이니, 이런 식의 이야기가 돌아다니면 북한이 더 고분고분해지지 않을까 하는 생각도 있었을 겁니다.

한편으로는 우리 쪽에서도 남북 합의가 깨지길 바라는 사람이 있습니다. 한미 동맹을 숭배하는 사람들, 무기 중개상들, 이런 사람들에게는 남북 합의가 달갑지 않습니다. 미국의 군산복합체가 미중 관계나 미러 관계 개선을 좋아하지 않는 것과 비슷한 경우이죠. 이런 언행들로 북한이 반발하고 합의가 깨지면 대북 강경론이 다시 득세할 수 있을 뿐만 아니라, 국방예산을 늘려야 한다는 이야기도 나올 수 있기 때문입니다.

그래서 일부지만 군의, 일종의 항명일 수도 있다는 생각도 들었습니다. 남북 화해 국면의 판을 깨려고 작심하고 참수작전과 '작계 5015' 등을 언급한 것이죠. 만약 정부가 남북 합의를 잘 이끌어나갈 생각이 있다면 군의 이런 행태를 엄중히 다뤄야 합니다. 이런 과정을 통해 우리가 진정으로 합의를 이행해나가려 한다는 점을 북한에 보여줘야 합니다.

낙동강의 오리알

신세

2016년 초 북한의 '수소탄' 시험과 '광명성 4호' 발사를 계기로 추진된 유엔안전보장이사회의 대북제재결의안이 3월 2일 발표되었다. 겉모습만 보면 북한에 이른바 '끝장 제재'를 부과해 핵과 미사일 개발을 막겠다는 박근혜 정부의 구상이 나름 효과를 거둔 것처럼 보인다.

하지만 제재가 나오게 된 과정을 보면 사뭇 다른 분위기를 감지할 수 있다. 미국의 존 케리 국무장관과 중국의 왕이 외교부장은 2016년 2월 23일 회담 이후, 대북 제재는 대화를 위한 수단이며 비핵화를 위한 대화를 진행할 수 있다는 입장을 밝혔다. 동시에 북한의 장거리 로켓 발사 직후 사드를 배치하겠다고 공언했던 한미 양국의 움직임에도 제동이 걸렸다. 같은 날 예정되어 있었던 한미 공동 실무단 약정 체결이 미국 측 요청으로 돌연 연기됐고, 급기야 미국 태평양사령관은 이틀 후 "한국과 미국이 사드 배치 문제를 협의하기로 합의한 것이지, 양국이 아직 사드를 배치하기로 합의하지는 않았다."라는 미묘한 발언을 하기에 이른다. 2016 0226

한국은 배제된 미·중만의 담판

2016년 1월 6일 북한의 4차 핵실험 이후 한·미·일 3국은 유엔 차원의 대북제재결의안 도출을 위해 노력했는데요. 핵실험과 로켓 발사가 한 달 간격으로 이뤄졌기 때문에 제재 내용을 강하게 해야 한다는 중압감도 있었던 것 같습니다. 이후 2월 7일 북한의 장거리 로켓 발사 때까지도 중국과 접점을 만들지 못했습니다. 중국은 과거 대북 제재보다 훨씬 강력한 제재여야 한다는 한·미·일의 요구에 대해 처음부터 선을 그었습니다. "제재가 목적이어서는 안된다." "민생까지 괴롭히는 제재에는 동참할 수 없다."라고 밝혔죠.

결국 4차 핵실험이 두 달째로 접어드는 2월 말에야 비로소 접점을 만든 모양새가 갖춰졌습니다. 그런데 이게 중국이 양보했다거나, 한·미·일의 끈질긴 요구에 마지못해 반응한 게 아닙니다. 제재를 위한 제재가 아니라 문제를 풀기 위한 제재가 되어야 한다는, 그래서 대화 쪽으로 퇴로를 열어놓아야 한다는 중국의 입장이 미·중 간 '담판'을 통해 결론으로 도출된 것 같습니다.

2월 17일, 왕이 외교부장이 미국에 비핵화와 평화협정 체결의 병행 추진을 제안했고, 미·중 외교장관회담이 열리는 와중에 한·미 양국은 23일 오전 11시에 사드 배치 관련 공동 실무단 구성을 위한 약정을 체결하려고 했지만, 한 시간 앞두고 미국의 요청으로 연기되었죠. 결국 미·중 간 외교장관회담을 거치면서 양국이 담판을 지었고 사드 문제는 뒤로 밀린 셈인데, 한국 정부는 이러한 과정에서 완전히 제외됐던 것처럼 보입니다.

우선 박근혜 정부는 2015년 12월 미·북 접촉을 즉시 알지 못했을 겁니다. 미국은 우리한테 알리지 않고 북한과 만났을 겁니다. 박근혜 정부는 한미 관계가 지금보다 더 좋을 수 없다고 기회가 될 때마다 자랑했는데, 대체 외교부는 뭘 했는지 모르겠습니다. 미국과 북한이 만났다면 유엔 대표부에서 만났을 텐데, 한국의 유엔 대표부와 주미 한국 대사관은 뭐한 겁니까? 한미 관계가 '최상'이라면 하다못해 미국 국무부 실무자들로부터 귀띔이라도 들었어야 했던 것 아닙니까?

이런 사안은 미리미리 파악하고 대처해야 하는데 박근혜 정부의 외교안보팀은 '임전무퇴'식으로 밀어붙이기만 했습니다. 한국은 미국이 언제까지나 함께하는 줄 알고 열심히 '강력한 대북 제재'를 해야 한다며 지붕 위에 올라가서 고함을 쳤는데, 오히려 미국은 지붕으로 올라가는 사다리를 치워 버리고 옆 사람인 북한과 대화하고 있었던 겁니다.

2016년 1월 27일 케리 미 국무장관이 베이징에 갔을 때 왕이 외교부장과 했던 대화의 내용을 여기저기서 조합해보니, 이미 그때 회담 내용이 2월 23일에 발표한 것과 상당히 유사했습니다. 이런 낌새를 박근혜 정부가 얼른 알아차렸어야 했는데, 이걸 못했기 때문에 결국 박근혜 대통령이 대북 제재의 최전선에 서버린 것입니다. "지금 기미가 이상합니다. '강력한 대북 제재'에 너무 앞서 나가면 우리만 덩그러니 남을 것 같습니다. 미국과 중국의 움직임을 체크하고 나가야 할 것 같습니다." 라고 대통령에게 이야기해야 하는데, 대체 관료들이 뭘 하고 있던 건지 모르겠습니다. 결국 박근혜 대통령은 한국이 고립됐다는 책임을 뒤집어쓸 수밖에 없는 상황으로 몰린 겁니다.

중국의 외교

2016년 2월 23일 미국 긴급 방문으로 한반도 내 사드 배치를 저지한
중국 왕이 외교부장은 3월, 러시아로 날아가 동의를 얻어냈다.
3월 11일, 양국은 공동기자회견을 통해 한반도 내 사드 배치에 반대한다고 밝혔다.

사드 문제만 해도 그렇습니다. 박근혜 정부는 아무것도 모른 채로 갑자기 약정 체결을 연기하겠다는 미국의 통보를 받아들였고, 이미 예정됐던 날짜에서 이틀이 지났습니다. 영원할 것 같은 한미 동맹만 믿으면서 미국이 시키는 대로만 했다가, 중간에 뒤통수 맞은 적이 한두 번이 아닌데 왜 똑같은 행동을 하고 있는 건지 모를 일입니다.

2015년 12월에 미·북 간에 접촉이 있었다는 《월스트리트저널》의 보도 이후 국무부의 존 커비 대변인은 북한이 먼저 평화협정 논의를 제안했다면서 "우리는 제안을 신중히 검토(carefully considered)한 후 비핵화가 논의에 포함돼야 한다는 점을 분명히 밝혔다."라고 말했습니다. 제안을 '신중히 검토'했다는 부분에 주목할 필요가 있는데요. 이건 미국이 북한과 접점을 만들 각오를 하고 접촉에 나섰다는 이야기입니다.

북한은 2015년 10월 리수용 외무상의 유엔총회 연설부터 평화협정 이야기를 계속 언급했습니다. 북한이 뉴욕 채널을 통해서 자신들의 이야기를 들어달라는 메시지를 미국에 보냈을 텐데, 만약 미국이 '전략적 인내' 입장을 고수했다면 북한 이야기를 들을 필요도 없었을 겁니다. 하지만 그런 입장을 고수하지 않았기 때문에 일단 만나서 북한의 이야기를 들은 겁니다.

북한은 평화협정 체결을 앞에 두고 그다음에 비핵화 논의를 하자고 했을 겁니다. 그동안 2005년 9·19공동성명, 2007년 2·13합의 등 여러 합의가 있었지만, 비핵화를 위한 행동으로 들어가려고 할 때마다 미국이 뭔가 트집을 잡아서 뒤집어버렸던 전례가 있기 때문입니다. 평화협정과 비핵화를 묶어서 한다고 해도 미국을 믿을 수 없다고 말하는 것이 북한입니다.

9·19공동성명 5항을 보면 "6자는 '공약 대 공약', '행동 대 행동' 원칙에 입각한다."라는 조항이 있는데 이것도 북한이 요구해서 집어넣은 겁니다. 아마 이번에도 북한은 미국의 요구를 먼저 들어주면 안 되고, 동시에 할지언정 처음에는 미국의 행동을 먼저 보장받아야 한다는 식으로 버텼을 겁니다.

중요한 것은 그동안 북한의 '선 행동'을 강력하게 요구하던 미국이 평화협정과 비핵화를 패키지로 묶을 생각을 했다는 점입니다. 이건 2009년 힐러리 클린턴 전 국무장관의 발상이자 9·19공동성명에 있었던 1항과 4항을 업그레이드한 셈입니다. 미국이 여기까지 왔다는 것은 큰 변화라고 할 수 있습니다.

왕이 부장의 제안은 미·북 접촉 동향을 감지한 중국이 6자회담 의장국으로써 이 문제를 치고 나가면서 주도권을 행사하기 위한 발언이었을 것으로 보입니다. 사실 왕이가 이야기한 것은 9·19공동성명에 이미 있는 것이고 힐러리 전 장관이 2009년에 제안했던 것을 재활용하는 수준이지만, 지금 이 시기에 이 안을 던진 것은 의미가 있습니다. 미국으로 건너가서 미국을 자신의 안대로 움직이도록 설득한 겁니다. 대신 미국이 그동안 노래를 불렀던 '강력한 대북 제재'의 모양을 갖춰주겠다고 약속했을 겁니다.

전략 없이 움직인 박근혜 정부, 그 대가는

질문 2015년 12월 28일 일본군 '위안부' 합의부터 2월 7일 사드 배치 협의까지 이어진 박근혜 정부의 일련의 행보를 보면, 이해하기 힘들 정도로 기존 입장과 180도 뒤집힌 행태를 보였습니다. 이렇게 된 배경은 어디에 있을까요? 혹시 미국으로부터 약속을 받은 것은 없었을까요?

위안부 합의의 경우 일본 총리가 위안부 피해자들에게 무릎이라도 꿇을 것처럼 기대하게 만들어놓고 완전히 뒤바꿔버린 건데, 박 대통령이 본인이 어떤 말을 했는지 잊어버리지 않았나 하는 생각이 들 정도였습니다. 우리가 내보내는 메시지가 상대방에게도 전달되기 때문에 외교에서는 단어 하나가 굉장히 중요합니다. 용어를 잘 선택해서 퇴로가 있는 단어를 써야 하거든요.

전략적인 차원에서 보면 미국 입장에서는 한일 관계가 불편하면 안 됩니다. 한일 관계라는 '소의'(小義)에 사로잡히지 말고 한·미·일 삼각동맹이라는 '대의'(大義)에 입각해 빨리 해결하고 넘어가자고 했을 것이고 정부는 그 말에 끌려다녔을 겁니다.

미국이 중국 압박으로 전체 판을 짜고 있는데, 여기에 잘 편승하면 이 기회에 북한을 붕괴시켜서 자신의 임기 중에 통일 과정을 시작할 수 있다는 환상에 빠졌던 것 아니었나 싶습니다. 사실 유엔 제재가 '허당'이라는 것을 알고 있는 상황에서 양자 제재가 훨씬 효과적이라고 판단하고, 미국이 확실하게 밀어준다면 사드 배치까지 가능할 것이라고 생각한 것으로 보입니다. 여기에 북한이 반발하면 미국이 대응해줄 테니 북한은 끝이라고 생각한 것이죠. 그렇다고 중국이 미국과 전쟁을 치를 수도 없고, 으르렁거리다가 결국 중국까지 함께 경제 제재에 들어가면 북한이 버티지 못할 것이라는 환상에 빠져 이렇게 세게 나간 것 아닌가 싶습니다. 미·북 간에 접촉이 있다는 보고가 들어왔다고 할지라도 '별거 있겠냐.'라며 그냥 지나가 버렸을 수도 있습니다.

질문 정부가 북한만 때려잡으면 모든 일이 풀릴 것처럼 착각을 하고 있던 것은 아니었을까요? '국가안보' 개념 자체가 잘못 정립되어 있는 것 같습니다.

협의의 안보 개념만 가지고 있기 때문입니다. 박근혜 정부는 북한을 상대로 한 '피스 키핑'이 안보의 전부인 줄 알고 있는데, 피스 키핑을 하면서도 여기에 들어가는 우리 국방비가 줄어들 수 있게 북한의 대남 위협을 감소시키는 이른바 '피스 메이킹'을 하는 것이 진짜 안보입니다.

미국 백악관의 안보 보좌관은 전 세계 군사와 외교의 균형을 잡으면서 미국의 헤게모니를 유지해나가는 전략을 짜는 사람입니다. 안보라고 해서 전투하는 것을 중심에 두고 있지 않습니다. 어떻게 보면 전투가 아니라 전쟁, 전술이 아니라 전략, 군사가 아니라 외교 차원에서 접근하고 있는데, 박근혜 정부는 북한만 막으면 되고 미국만 등에 업으면 된다는 생각을 가지고 있으니 이렇게 뒤통수를 맞는 겁니다.

외교나 안보 영역에서 자기중심성이 없으면 이런 결과가 나올 수 있습니다. 막말로 미국은 언제든지 우리 몰래 바람을 피울 수 있다는 생각을 가져야 합니다. '외교에는 영원한 우방도, 영원한 적도 없다'는 말이 있듯이 '나' 외에는 모두 '남'이라는 투철한 인식을 가져야 합니다. 이런 자기중심성 바탕에서 냉철하게 국가 이익을 판단해야죠. 미국이나 중국, 일본 등 주변 강대국들은 모두 이런 원칙 아래 움직이고 있습니다. 그런데 우리 군부나 외교 관료는 대미 의존이 너무도 심각합니다.

베트남의 경우를 봅시다. 백악관 안보보좌관이었던 헨리 키신저 전 국무장관은 쥐도 새도 모르게 북베트남과 판을 다 짜놓고, 남베트남 정부에 평화협정에 서명하라고 했습니다. 그때까지만 해도 남베트남 정부는 키신저를 철석같이 믿고 있었습니다. 미국이 협상하는 동안에도 북베트남에 대대적인 폭격을 해줬기 때문입니다. 남베트남은 그게 '성동격서' 전략인지 전혀 몰랐던 것이죠. 미국은 자신이 주도하는 협상을 끌고 가기 위해 한쪽에서 폭격을 벌인 겁니다. 이렇게 미국은 뒤로 혹은 물밑으로 움직일 수 있습니다. 이걸 읽어야 합니다.

그래도 통일 문제는 기본적으로 민족 문제입니다

우리의 통일 문제는 기본적으로 민족 문제입니다. 물론 국제 문제이기도 합니다. 분단이 국제정치적으로 이루어졌고, 주변국들이 한반도의 분단을 통해 누려온 기득권들이 있기 때문입니다. 통일이 되면 사라질 그들의 기득권이 통일 과정에서 장애가 될 수 있습니다. 매사 기본에 충실해야 하듯이, 통일도 기본부터 잘 다져나가야 합니다. 통일을 위해 남북 관계부터 잘 풀어 나가면서 주변국들과의 외교도 잘해 나가야 합니다.

통일 문제의 어느 측면을 중시하느냐에 따라 대북정책의 방향이 달라집니다. 민족 문제성에 방점을 찍는 사람들은 남북 교류협력 활성화를 추구합니다. 남북 교류협력 활성화 과정에서 북한을 개혁개방으로 유도해야 평화와 통일의 여건이 갖춰진다고 주장합니다. 국제 문제성을 중시하는 사람들은 남북 관계보다 대외 관계를 중시하고, 대체로 대북 압박과 제재를 주문합니다. 그렇게 해야만 북한이 개혁개방으로 나오고 결과적으로 통일도 가능해진다는 겁니다. 우리 사회 내부에서는 이렇게 상반된 통일정책관과 대외정책관이 경쟁하고 있습니다.

우리는 2015년 8·15에 분단 70년을 넘겼지만, 같은 시기에 분단된 독일은 분단 45년 만에 통일이 됐습니다. 2015년 10월 3일이 독일통일 25주년이었습니다. 독일통일 문제도 민족 문제이자 국제 문제였습니다. 1990년 독일통일은 1969년 집권한 서독의 사회민주당 정권이 추진하기 시작한 동방정책(Ostpolitik)의 결과였습니다. 빌리 브란트 총리가 시작한 동방정책은 동독과의 관계 개선을 기본으로 삼으면서, 그 토대 위에서 동독의 배후 국가인 소련과의 관계도 개선해나가는 정책이었습니다. 물론 우선순위는 당연히 동독과의 관계였습니다.

사회민주당 집권 13년 동안, 동방정책은 일관성을 유지했습니다. 그리고 정권이 보수 정당인 기독교민주당으로 넘어 갔습니다. 그런데 놀랍게도 기독교민주당 정부의 헬무트 콜 총리는 사회민주당의 동방정책을 계속 추진해나간다는 결정을 내렸습니다. 기독교민주당 정부도 통일 문제의 국제 문제성보다 민족 문제성을 중시하고 거기에 힘을 집중하기로 한 것입니다. 서독에서는 이념과 정강정책을 달리하는 정권들도 일단 통일 구심력부터 키우면서 통일 원심력을 관리해나가려 했던 것입니다. 그럼에도 동방정책이 독일통일로 꽃피기까지는 20년이 걸렸습니다.

우리나라 역대 정부의 통일정책을 돌아보면 정권의 이념적 성향에 따라 그 방향과 중점이 엎치락뒤치락했습니다. 진보와 보수를 떠나 20

년 동안 정책의 일관성을 지켰던 서독과 가장 크게 차이가 나는 대목입니다. 냉전시대 보수 정권, 즉 박정희 정부와 전두환 정부 시대에는 통일이라는 말은 많이 쓰면서도, 남북 관계 개선에는 별로 힘을 넣지 않았습니다. 오히려 남북 체제 경쟁이나 대북견제와 압박, 그리고 동맹국들과의 협력 강화에 주력했습니다. 통일 문제의 국제 문제성을 중시한 결과라고 할 수 있지요.

노태우 정부는 보수 정권이었지만 탈냉전이라는 국제정세의 흐름을 타고 남북 관계를 개선하려고 노력했습니다. 남북 총리급회담을 열어 남북기본합의서와 한반도비핵화공동선언을 만들었습니다. 북한의 배후 국가인 소련·중국과 수교도 했습니다. 김영삼 정부도 보수 정권이었지만 '어느 동맹국도 민족보다 나을 수는 없다'면서 남북 화해협력을 추구했습니다. 북핵 문제가 터진 뒤에 남북 정상회담을 할 뻔했지만 김일성 사망으로 무산됐습니다. 대북 쌀 지원도 했습니다. 그때는 우리가 먼저 결정하고 미국 등의 동의와 협조를 구했습니다. 보수 정권도 '선 남북 관계, 후 통일외교'의 순서를 지켰던 것입니다. 특히 김영삼 대통령은 미국에 끌려가거나, 먼저 "어찌 하오리까?"라고 묻지 않았습니다.

1990년대 말에야 비로소 집권할 수 있었던 진보 정권은 10년 동안 남북 관계 개선과 유관국 협조를 병행했습니다. 그러면서도 남북 관계를 주변국 협조보다 반 발짝 정도 우선시했습니다. 통일이라는 말도 크게 앞세우지 않았습니다. 통일이라는 말 대신 '내독 관계'라는 말을 주로 쓰면서 요란하지 않게 독일통일의 기반을 다져 나간 서독의 동방정책을 벤치마킹했지요. 김대중 정부와 노무현 정부는 남북 화해협력을 우선순위에 놓고, 통일외교는 관련국들이 남북 관계를 지원하도록 만드는 수단으로 활용했습니다. 미국의 보수 정권인 부시 정부가 남북 관계를 견제하려 할 때 김대중 대통령은 직접 미국 부시 대통령을 설득했고, 오히려 남북 관계를 지원하도록 만들었습니다. 네오콘들이 북한의 우라늄농축 문제를 구실로 막무가내로 북한을 압박하려 할 때는 '남북 관계 개선과 북핵 문제 해결 병행'을 통일·외교·안보 정책기조로 정해놓고 미국을 설득하며 우리 길을 갔습니다. 결국 미국 네오콘들도 더 이상 남북 관계를 견제하지 못하고 6자회담에서 9·19공동성명에 합의했습니다. 북핵 문제 해결의 로드맵으로 평가되는 9·19공동성명은 노무현 정부의 업적입니다. 그리고 그건 남북 관계를 통일외교보다 우선순위에 둔 결과였습니다.

이명박 정부와 박근혜 정부는 보수 정권입니다. 하지만 같은 보수 정권인 노태우 정부나 김영삼 정부와는 결이 다른 것 같습니다. 보수적인 면에서는 박정희 정부나 전두환 정부와 비슷하지만, 한미 동맹을 유난히 중시하는 경향이 역대 어느 정부보다도 강합니다. 결과적으로 남북 관계보다는 통일외교를 중시합니다. 남과 북의 교류와 협력보다는 북을 압박하고 견제하는 데 무게가 실립니다. 나아가 '통일이 임박했다'느니 '내년에라도 통일이 될지 모르니 통일준비를 철저히 해나가야 한다'느니, 통일이라는 말을 참 쉽게, 그리고 많이 합니다.

박근혜 대통령은 2015년 9월 3일 중국 전승절 행사에 참가하고 돌아오는 길에, 일반인의 상식으로는 이해하기 힘든 발언을 했습니다. "조속한 평화통일을 위해서 앞으로 중국과 긴밀하게 협의하기로 합의했다."라고 말한 겁니다. 10월 16일 한미 정상회담 후에도 "평화통일을 위해서 미국과 긴밀하게 협의해 나가기로 했다."라고 말했습니다. 박근혜 정부 들어 남북 간에는 변변한 당국회담도 못 해봤고, 남북 관계도 별로 개선된 것이 없습니다. 그런데 중국, 미국과 통일 문제를 협의해 나간다? 통일은 남과 북이 하나가 되는 것인데, 통일 과정에 북한이 왜 없는 것이죠? 어떤 상황을 전제로 한 말들인가요? 의문이 들지 않을 수 없습니다.

통일 문제가 국제 문제이기도 하지만, 기본적으로 민족 문제라는 점에서, 남북 관계 개선보다 주변국들과 통일 문제를 먼저 협의하는 것은 순서가 뒤바뀐 일입니다. 이런 식으로 순서를 바꾸어 통일 문제에 접근하면 소리는 요란하게 날지 모르지만, 통일의 기본 요건인 통일 구심력은 커지지 않습니다. 주변국들과 통일 문제를 먼저 협의하는 것이 통일 원심력을 약화시키는 방법도 아닙니다. 진정으로 통일을 하려면, 남북 관계를 개선해나가면서 통일 구심력부터 키워가야 합니다. 통일 원심력을 약화시키거나 밀어내는 외교는 차후의 과제인 셈입니다.